世界の難民をたすける
30の方法

国連UNHCR協会 理事長
滝澤三郎:編著

合同出版

『世界の難民をたすける 30 の方法』出版によせて

　紛争、暴力、迫害の結果として家や故郷から追われて国内避難民になったり、国境を越えて外国に保護を求める難民の数は、今日では 6500 万人を超えています。これは過去数十年で最大です。

　難民や国内避難民が発生する原因は複雑で相互に関連していますが、イラク、南スーダン、シリアやイエメンなどでの武力紛争では、戦争法規が完全に無視され、民間人が犠牲となってきました。ミャンマー・ラカイン州の弾圧と暴力からは 2017 年の後半だけで 65 万人ものロヒンギャの人びとがバングラデシュに逃げ、つらい生活を送っています。

　国連難民高等弁務官事務所（UNHCR）は 1950 年に設立されましたが、数千万の難民や国内避難民、無国籍者の保護と支援に尽力したことから、1954 年と 1981 年にノーベル平和賞を受賞しています。

　日本政府は、UNHCR の難民支援のために毎年数百万ドルを拠出するのみならず、難民や国内避難民問題解決のために強い国際的リーダーシップを発揮しています。政府だけではなく、民間部門もますます大きな役割を果たすようになっています。たとえば、特定 NPO 法人国連 UNHCR 協会は、世界の難民や国内避難民のために 2017 年だけで 32 億円もの寄付を個人や企業から集めてくれました。

　この本は、難民問題の解決に向けた国際的な動きが高まっている、まさにそのときに出版されます。国連総会は 2018 年 9 月に、難民保護への国際的な取り組みの必要性を再確認し、政府、NGO、学界、企業、メディアなどすべての関係者が難民支援に参加することを求める「難民にかか

るグローバル・コンパクト」を採択する見込みです。

『世界の難民をたすける30の方法』は、そのような世界の動きの中で、日本政府関係者、NGO職員、国連UNHCR協会、メディア、研究者、学生、企業、難民自身を含む30人の著者によって書かれています。このような多くの関係者が難民支援のための具体的な方法を本にするのは世界でもはじめてです。それは、苦難の中にいる難民や国内避難民をたすけようとする、日本社会の強い責任感を表しています。

私はこの本が、とくに若い人たちに、難民や国内避難民の窮状についての理解を深め、彼らや彼女たちが将来に希望を持てるようにするための実践的な方法を示してくれると信じています。

国連難民高等弁務官
フィリッポ・グランディ

この本を読まれるみなさまへ

　日本には「難民」があふれています。引越し難民、介護難民、買い物難民、就職難民、英語難民、IT 難民、さらにはバナナ難民などというのもありました。「困っている人」といった意味で使われているのでしょうが、そんな「難民」を合計すると日本には難民が数千万人いるかもしれません。

　難民の本来の意味は、1951 年の難民条約や地域的難民協定など国際法の中で定義されています。難民とは、政治的な意見や宗教・人種のちがいから政府に迫害されることをおそれたり、武力紛争に巻き込まれて命に危険が迫ったり、さらには暴力が国中に広がっていて安全に住めなくなったなどの理由から、外国に救いを求めている人びとのことです。

　難民という言葉が軽い意味で日常的に使われているのは日本的な現象といえますが、その理由は、難民の発生の原因が外国の国内事情にあって理解がむずかしいこと、また、日本で実際に難民に出会う機会がほとんどないため理解が進まないことにあるのでしょう。

　他方で、難民の窮状をたまたま知り、その深刻さに胸を痛め「私には何ができるのだろう？」と考える若者も増えています。しかし、具体的にどのような方法があるかについては知られていないため、「どうしたらいいのかわからない」という人が多いのです。

　日本での難民問題は法律的な難民認定問題に焦点が当たりがちで、専門家でないと手が出せないような雰囲気があります。しかし、実際には、日本に来た難民の人びとの日本語学習や就学・就労をたすけたり、海外の難民支援活動に寄付をしたりするなど、私たちにできることはたくさんあるのです。

　この本は、難民と難民問題をよりよく理解し、難民を支援する具体的な方法についての事例とヒントを集めようと、企画されました。執筆者

は、政府関係者、難民支援団体、難民当事者など30名に上り、日本の難民支援関係者の多くが参加しているという特徴があります。難民の人びとの力強さと彼らの日本社会への貢献をも明らかにしようとする点にも、本書の新しい視点があります。

第1章では、難民とは誰のことをいうのか、なぜ難民が発生するのか、国連などはどのように難民を保護しようとしているのか、難民についての基礎知識を扱います。

第2章では、欧米主要国のほか、2013年に難民法をアジアではじめて導入した韓国、ロヒンギャ難民を100万人も受け入れているバングラデシュがどのように難民を保護しているのかについて学びます。

第3章では、日本に逃げてきた難民を政府と民間がどのようにたすけているのか、また、海外の難民支援事業に日本がどのような協力をしているのかを見ていきます。

第4章では、この本の中心テーマである日本発のユニークな難民支援の事例を扱います。

最後の第5章では、身近なところから「知る・伝える・行動する」ためのヒントを、具体的な難民支援活動の事例とともに紹介します。

難民問題は複雑ですが、その理解は国際問題の理解にもつながります。また、人間の醜さと崇高さ、弱さと強さが表れるのが難民問題です。

この本を読んで、多くの人が難民問題を深く理解し、自分でもできる「難民をたすける方法」を見出し、さらには自分の生き方をふり返るきっかけになれば幸いです。

滝澤三郎

もくじ

『世界の難民をたすける30の方法』出版によせて　……2

この本を読まれるみなさまへ　……4

第1章　世界では日本の人口の約半分が難民や避難民になっている!?

01　難民たちの今（二村 伸）　……10

02　難民って誰のこと?（滝澤三郎）　……14

03　なぜ人びとは国を捨てて逃げるのか?（滝澤三郎）　……18

04　難民をたすける国際的な協力のしくみ（滝澤三郎）　……22

05　パレスチナ難民とその現状（田中好子）　……26

column1

なぜ私たちはアフガニスタンから逃げたのか（イブラヒム）　……30

第2章　世界は難民をどのように支援している?

06　トランプ大統領は難民をどのように考えているのか?（佐原彩子）　……32

07　EU諸国における「難民・庇護申請者のホストファミリー制度」（橋本直子）　……36

08　大量の難民を受け入れたドイツ（久保山 亮）　……40

09　憲法に難民の庇護権を明記する検討が進む韓国（松岡佳奈子）　……44

10　100万人のロヒンギャ難民が押し寄せたバングラデシュ（折原りつ）　……48

column2

日本とミャンマーの架け橋として（ミョウ・ミン・スウェ）　……52

第3章　日本では難民をどのように支援している?

11　日本の難民認定のしくみ（法務省入国管理局総務課難民認定室）　……54

12　難民認定申請者は増えるが難民認定者は少ない理由（滝澤三郎）　……58

13　第三国定住によるミャンマー難民の受け入れとは?（伊藤寛了）　……62

14　難民の大学進学を支援するプログラム（泉田恭子）　……66

15　海外の難民に対する日本の支援（長徳英晶）　……70

16　弁護士として難民申請者の支援をする（駒井知会）　……74

column3

ユニクロで働く（ユニクロ店舗スタッフ）　……78

第4章　日本発・難民支援の新しい方法

17　社会の「重荷」ではなく「人材」へ（吉山 昌）……80

18　難民を社員として雇用する企業（シェルバ英子）……84

19　難民の視力改善を支援する企業（金井昭雄）……88

20　難民とともに暮らす！　日本で広がる「難民ホームステイ」（渡部清花）……92

21　シリア難民を留学生として受け入れる民間の試み（折居徳正）……96

22　トルコのシリア難民を支援する（景平義文）……100

23　難民の自立を日本語教育で支える（矢崎理恵）……104

column4

難民を「ビジネス」でサポートする試み（吉波佐希子）……108

第5章　身近なところから知る・伝える・行動する

24　「いのちの持ち物けんさ」で自分に気づこう（松下真央）……110

25　「チャリティランナー」に参加して難民を支援する（鳥井淳司）……114

26　世界の難民速報は「難民ナウ！」（宗田勝也）……118

27　難民キャンプに絵本を送ろう（菊池礼乃）……122

28　ネイルをして難民支援に参加する？（岩瀬香奈子）……126

29　若者たちが主導する難民支援（J-FUN ユース有志）……130

30　タイのミャンマー難民キャンプを訪ねて見えてきたこと（森田信子）……134

column5

全国に広がる「国連 UNHCR 難民映画祭」（山崎玲子）……138

おすすめの本　……139

おわりに　……140

編著者・執筆者紹介　……142

装画	宮川海奈
装丁	後藤葉子（森デザイン室）
挿絵	cabin8design 広野祐子
組版	酒井広美（合同出版制作室）

第 1 章

世界では
日本の人口の約半分が
難民や避難民に
なっている!?

01

難民たちの今

❖ オリンピックに出場した難民たち

　2016年8月、南米ブラジルのリオデジャネイロでは、「人類史上最速」と呼ばれるウサイン・ボルト選手や「水の怪物」マイケル・フェルプス選手、「体操ニッポン」のエース、内村航平選手らスター選手に負けないくらい大きな声援が「難民選手団」に送られました。迫害や紛争によって国外に逃れ、祖国の代表としてオリンピックに出場できない若者たちのために結成された選手団は、シリアや南スーダン、コンゴ民主共和国などの出身者10人で構成され、ひたむきな姿は数々の感動を呼び起こしました。

　その1年後の17年7月、難民選手団の最年少選手（当時18歳）として競泳に出場したシリア出身のユスラ・マルディニさんにドイツのベルリンで話を聞きました。マルディニさんは、ダマスカスの自宅が内戦で破壊され、学校や水泳の練習に行くのも危険な状況になったため、15年夏、姉とともに生まれ育ったシリアを脱出しました。トルコからエーゲ海を渡ってギリシャに向かう途中、ボートが故障して漂流し始めたため、海に飛び込んで泳ぎながらボートを3時間以上押し続け、20人の命を救いました。

　「あのときは無我夢中でした。水泳選手なので海で死ぬわけにはいきません」。当時の様子をこう話すマルディニさんは、ドイツで難民として温かく迎えられ新たな人生を歩み始めました。東京オリンピックをめざして練習する傍ら、難民のために尽くしたいと国連難民高等弁務官事務所（UNHCR）の親善大使に就任し、世界の人びとに難民への理解と支援を訴えています。

　「シリアにいたときは難民のことは何も知らず、話題にしたこともありませんでしたが、ドイツに来て変わりました。難民も祖国では医師や弁護士、エンジニアや学校の先生だったりした人たちで、それは今も変わりません。みな、父親や母親、きょうだいであり、難民も同じ人間なのです」。

chapter 1 　世界では日本の人口の約半分が難民や避難民になっている!?

❖第二次世界大戦後、最大の難民危機

　世界では迫害や紛争によって家を追われた人が6560万人（16年末現在）＊に上り、12年末より5割も増加しました。これは日本の人口の半分強に相当し、第二次世界大戦後最も多い数です。

　難民の出身国で最も多いのはシリアの560万人ですが、日本の自衛隊がPKO活動をしていた南スーダンでは、政府軍と反政府軍の戦闘が激化した16年7月から多数の市民が国外に逃れ、難民の数は240万人を超えました。

　アジアでもロヒンギャと呼ばれるミャンマーの少数派のイスラム教徒が、17年8月以降半年間で60万人以上も隣国バングラデシュに逃れました。

　難民の避難期間は平均17年といわれますが、イスラエル建国と中東戦争で世界に離散したパレスチナ人は半世紀以上、また西サハラ住民は砂漠の難民キャンプで40年も困難な生活を強いられています。「故郷に戻る日を待ち続ける」と90年代はじめに話していた人たちを思うと悲しい現実です。

　難民たちは祖国から逃れた後も危険がつきまといます。国際移住機関（IOM）の統計では、16年に中東やアフリカから地中海を渡る途中で命を落としたり行方がわからなくなったりした人びとは5098人に達しました。地中海だけで1日平均14人が犠牲になったのです。粗悪な船に数十人もの人が押し込められ、水や食料を与えられなかったり、虐待を受けたりし、途中で密航業者によって船を沈められたりするケースもあります。17年も3000人以上が犠牲になりました。地中海を目前にしたアフリカのサハラ砂漠で、灼熱の太陽のもと車の故障や密航業者に置き去りにされて命を落とす人も後を絶ちません。

　16年夏、レバノン東部のベッカー高原を訪れました。山ひとつ隔てた向こうがシリアです。そこでは内戦から逃れてきた人たちが空地に建てられた

ユスラ・マルディニさん

レバノンのシリア難民

粗末な小屋で生活していました。雨が降れば小屋の周囲はぬかるみと化し、通路が川のようになってしまうと住民は嘆いていました。シリアの紛争が始まって以来レバノンに越境してきた人は100万人を超えました。レバノンの全人口の4分の1に相当する数の人が突如押し寄せてきたのです。

　350万人以上のシリア難民がとどまるトルコも状況は似たようなものです。東南部の国境地帯ではシリア最大の激戦地アレッポ周辺から逃れてきた人びとが数多く暮らし、地元住民より難民の数が多い市町村もあります。「いつになったら故郷に戻ることができるのか」。難民たちは力なく話していました。国境の向こう側ではイスラム過激派の旗が翻っていました。

　世界の難民の8割以上が途上国にとどまっています。また、7割から8割がレバノンで暮らす難民のようにキャンプではなく街中で生活するいわゆる「都市難民」です。寝る場所も食べ物も自分で確保しなくてはならず、仕事に就くのも容易ではありません。子どもの半数は学校に行けず、栄養状態も日々悪化しています。難民を受け入れている国ぐにの負担も重く、国連は負担軽減のために各国に協力を呼びかけていますが、難民を積極的に受け入れようという国は多くありません。

❖難民受け入れに揺れる国際社会

　ヨーロッパでは15年11月、フランスのパリで起きた同時多発テロを機にイスラム教徒を敵視する「イスラモフォビア」が広がりました。テロの実行犯の中に難民に紛れてヨーロッパに入り込んだ男がいたことから、難民への風当たりも強まりました。欧州連合（EU）は15年、ギリシャやイタリアに殺到した難民16万人を各国が分担して受け入れることを決めましたが、17年夏までに実現したのはわずか2万人です。テロの最大の犠牲者である難民を取り巻く状況はますます悪化しています。

chapter **1** 世界では日本の人口の約半分が
難民や避難民になっている!?

＊国連難民高等弁務官事務所（UNHCR）が 2017 年 6 月に発表した、16 年末時点の迫害や紛争により家を追われ
保護を求めている人の数。そのうち国外に逃れた「難民」が 2250 万人、国境を越えず自国内にとどまっている「国
内避難民」が 4030 万人、国外で難民認定を待っている人が 280 万。

　では希望はないのでしょうか。そうは思いません。

　カナダではアメリカのトランプ大統領が 17 年 1 月、難民の受け入れを一時
停止する大統領令に署名した直後、トルドー首相がツイッターで難民を歓迎
すると表明し、国内外から賞賛を浴びました。「迫害やテロ、戦争から逃れて
きた人たちを信仰にかかわらずカナダ国民は歓迎します。多様性こそ私たち
の力です」。カナダは 17 年に 4 万人の難民を受け入れる方針を発表しました。

　難民の保護を憲法にあたる基本法に定めているドイツは 15 年の難民認定
者が 44 万人、16 年も 26 万人で、申請者の 37 ％が認定されました。当初の
無制限の受け入れに強い反発が起き、反難民を掲げる政党が選挙で躍進しま
したが、難民を受け入れることについては多くの国民が支持しています。日
本の難民認定者数は 16 年が 28 人、17 年は 20 人で、認定率は 0.2 ％でした。
ドイツの人口は日本の 7 割弱ですが、難民認定者数は 4 桁も多いのです。

　ベルリンで取材した支援団体の代表は「これをしてあげますと、手取り足
取り世話をするのではなく、能力を引き出し自信を持たせることが大切で
す」と話していました。難民たちに必要なのは同情ではなく自立のための手
段と機会なのです。

　国連のグテーレス事務総長が難民高等弁務官として日本を訪れたときの言
葉です。「われわれはもはや必要最低限の対応や人命救助を行えばよいとい
うわけにはいきません。日本も多くの難民を受け入れ、政府と市民社会、民
間部門が協力し合って難民を支援してほしい」。

　世界では今も 1 分間に 20 人が住む家を追われています。平和な日本では
想像もできない苦難を背負い、救いを求める人たちに何ができるか日本でも
もっと議論が必要です。難民たちが安心して祖国に戻ることができるよう
に、これ以上新たな難民を生まないために、紛争の終結と貧困や格差の是正
に各国が結束して取り組むことが何よりも求められています。　　（二村 伸）

02

難民って誰のこと？

❖ 難民になる「4つの条件」

よく「移民」や「難民」といいますが、どのようにちがうのでしょうか。簡単にいうと、移民は自分の意思で働いたり勉強したりするために外国に行って住む人、難民は意思に反して出国し外国に保護を求める人をいいます。

国際法上では、1951年にできた「難民の地位に関する条約」と1967年にできた「難民の地位に関する議定書」（難民条約）[*1] によって、次の4つの条件をすべて満たす人が「難民」と定義されています。

①人種、宗教、国籍、政治的意見、特定の社会集団に属するという理由で
②迫害を受けるという恐怖があるために
③自国の外にいて
④自国の保護を受けることができない、または受けることを望まない人

難民となった原因は、①にある5つの理由に該当しなければなりません。「特定の社会集団」には性的少数者や非人道的な因習にさらされる女性などが含まれます。「政治的意見」はしばしば反体制運動家への弾圧の根拠に使われます。最近盛んに報道されているミャンマーのロヒンギャ族の大量脱出は、人種、宗教、国籍がすべて絡んでいます。ユダヤ難民もそうでした。

②の「迫害のおそれ」は、本国に帰った場合に生命や自由が脅かされるということですが、本人が主観的に恐怖を感じているだけでなく、そのような恐怖を感じても無理もないと、客観的に認められないといけません。

③は、難民であるためには外国にいなければならないということです。

④は、政府に追われている場合や、内戦などで治安が乱れ、本来国民を保護すべき政府にその力がないような場合です。政府軍、反政府武装勢力、「イスラム国」が相乱れて戦い、国家が崩壊してしまったシリアなどが典型的な例といえるでしょう。

chapter 1 | 世界では日本の人口の約半分が難民や避難民になっている!?

❖難民予備軍とされる人たち

このように「難民」を定義すると、「難民ではない人」として保護の対象から除外される人たちが出てきます。

武力紛争で住み慣れた土地から逃げたものの、国内のほかの場所で避難生活を送っている「国内避難民」は、外国に移動していないため難民条約上の難民ではありません。しかし、4000万人を超える国内避難民も難民と同じような危険に満ちた生活を送っており、適切に援助しなかった場合には国境を越えて難民となる可能性があるので、「難民予備軍」といえます。

「経済難民」も、自国での迫害をおそれてではなく、よりよい収入を求めて外国に行くのであれば難民ではありません。自分の意思で外国に行っており、いざとなれば本国が大使館を通して保護してくれます。ただし、「経済難民」の中には、出身国が紛争で荒廃し、民族や宗教ゆえの差別と弾圧を受けて土地など生活の基盤を失って「生きるために」外国に出た人たちもいます。このような人びとを「生存移民」と呼ぶ研究者もいますが、一見すると経済的な理由で国を出たように見える人びとも、その背景に民族、宗教などによる差別や迫害があれば、難民である可能性が出てきます。

また、気候変動などによって、この先数十年以内に数千万人の「環境難民」が発生すると指摘されていますが、そのような人びとの移動は自然環境の変動によるものなので難民には当てはまりません。しかし、温暖化などで農村部から都市部への移動を強いられ、それが原因で武力紛争に至り、少数民族や宗教集団が迫害されるような場合には難民になることはありえます。たとえば、シリア紛争の原因の1つは、干ばつによって100万人近い人びとが都市部に移動したことにあるといわれています。

難民かどうかの判断がいちばんむずかしいのが、国内での武力紛争を逃れ

ミャンマーからバングラデシュにたどり着いたロヒンギャ難民(2017年11月)
©UNHCR／Andrew McConnen, Roger Arnold

て外国に逃れた「紛争難民」です。アフリカ難民条約や中南米の難民条約に当たるカルタヘナ宣言[*2]では紛争難民を難民としていますが、難民条約では戦争や紛争は理由に挙げられていません。国際的な難民認定基準とされる「難民認定基準ハンドブック」(国連難民高等弁務官[UNHCR]駐日事務所)でも、長らく「戦争難民は通常は難民ではない」としてきました。

このため、21世紀になって急激に増えたアフリカ・中東地域の数百万人の「紛争難民」に対して、それまでの難民条約体制は十分に対応できているとはいえませんでした。その反省から、UNHCRは2016年に「紛争難民が発生した状況を丁寧に見ていくならば、宗教的迫害や少数民族迫害などによって条約上の難民となる可能性が十分ある」という見解を出しました。この見解が採用されるならば、今後は紛争難民が条約難民として認められるケースが増えるかもしれません。

❖誰が難民を認定するのか?

さて、「難民認定基準ハンドブック」の第28項には「人は難民と認定されるから難民になるのではなく、難民であるからそう認定されるのである」という有名なフレーズがあります。たとえば、国境地帯の誰もいない森の中に逃げ込んできた(4つの条件を満たす)難民は、難民認定があろうがなかろうが難民だ、というわけです。しかし、現実問題として誰かが難民であると認定しなければ、難民登録も支援もできません。そこで、誰がどのように認定をするのかという「難民認定問題」が出てきます。

ある人が難民かどうかについての判断は、難民条約加入国の政府(法務省や内務省など)が行います。先進国では政府が難民認定申請者一人ひとりに面接をするなどして難民認定をしますが、難民認定制度が整っていない途上国ではUNHCRが政府に代わって難民認定をすることがあり、その際いっぺ

| chapter | 1 | 世界では日本の人口の約半分が難民や避難民になっている!? |

＊1 1967年の「難民の地位に関する議定書」は、1951年の「難民の地位に関する条約」にあった地理的・時間的制約を取り除いたもので、通常はこの2つをあわせて「難民条約」という。

＊2 1970年代から80年代にかけ、ラテンアメリカ諸国の武力衝突や広範な暴力を逃れて多数の人びとが国外に流出したため、1984年に関係国がコロンビアのカルタヘナで「カルタヘナ宣言」を出し、難民条約よりも難民の定義を広くして、国内紛争や暴力が一般化した状況から逃れてきた者も難民とみなす、とした。いわゆる「紛争難民」も難民とされる。

んに大勢の人びとが入ってくるような場合には、一人ひとりを審査する時間がないため、集団全体を難民とみなすこともあります（みなし難民）。

先に掲げた4つの条件を満たしていると正確に判断するためには、難民認定基準が明確で、手続きがきちんとしていることが必要ですが、どのような場合に「迫害」があると判断するか、「社会的集団」とは何かなど、世界各国が必ず適用しなければならない共通の判断基準は今のところありません。

UNHCRは難民認定についてのガイドラインを出していますが、適用は義務ではなく、あくまで参考とされるものです。言い換えれば、各国が独自の認定手続きと認定基準を使って認定するため、A国では難民認定を却下された人が、B国では認定を受けられるということもあります。

カナダやオーストラリアなどの「移民国」は毎年万単位で移民を受け入れているため、日本などの「非移民国」にくらべて難民認定もゆるやかになる傾向があります。そのような国には難民申請者が集中し、難民コミュニティができ、それを頼ってますます難民申請者が増えます。一方で、最近の欧州諸国では、国民の間に反難民感情が強まり、政府が難民認定の基準を厳格に適用する傾向が強まっています。

難民認定は、本来は事実の認定と法律の枠組みによる判断においてのみ行われるべきですが、実際には各国の政治的な判断によって、その基準などが変えられることがあるのが実状です。つまり、絶対的な基準はなく、時代によって、また国によって変わることがあるのです。「誰が難民か」という問いに対する答えは、人道と政治の狭間で揺れ動き、その中で「守られるべき難民」のプロフィールも変わっていくのです。

難民とは誰かを議論することは、多くの人びとの命に関わる点で重要です。しかし、難民という「ラベル」に過度にこだわることで、その後ろにある一人ひとりちがった名前と顔を持つ人間を忘れてはなりません。　（滝澤三郎）

03

なぜ人びとは国を捨てて
逃げるのか？

❖ 国を逃げ出す「3つの原因」

　日本に住んでいると、自分の国から外国に逃げるなどということは想像できません。しかし、難民をたすけるためには、人びとが難民や「経済難民」になる原因を理解しておく必要があります。

　国を捨てて外国に逃げる最大の原因は、国内での武力紛争と治安の崩壊、暴力の蔓延です。今日の国際社会には193の国家（国連加盟国）がありますが、多くの国が自国の統治をしっかりできていない「脆弱国家」です。アフガニスタン、ソマリア、南スーダン、イラク、シリアなどでは民族的・宗教的対立をめぐる武力紛争が相次ぎ、外国の介入もあって、国の統一が保てない状態にあります。政府が国民を守る責任を果たせない（または果たすつもりがない）中で、人びとは自分と家族の身の安全を守るために国内の別の町に避難したり、外国に逃れていきます。

　7年も続くシリア紛争では、政府軍、反政府軍、「イスラム国」の三者が相争う中で、包囲された多くの町が食料不足となり、学校や病院までが砲撃・爆撃の標的となりました。現代の国内紛争では、民間人と戦闘員を区別することなく攻撃し、敵対勢力を追い出すための「民族浄化」が増えています。このような「統治の失敗」によって紛争が続く国から逃れた人びとがいわゆる「紛争難民」で、今日の世界の難民の大半を占めています。

　第2の原因は、「迫害」です。「迫害」とは、弱い立場の者などを追い詰めて苦しめ、虐げることをいいます。1951年にできた難民条約は、難民を「人種、宗教、国籍、特定の社会集団の構成員であること、または政治的意見に基づいて迫害を受けるおそれがあるために外国に避難している者」と定義しています。

　この難民条約がつくられた背景には、東西冷戦*がありました。当時、東

chapter 1 　世界では日本の人口の約半分が難民や避難民になっている!?

欧共産主義諸国では、反共産主義的な考えの人びとを政府が捜し出して弾圧する「政治的迫害」により、それをおそれて西側自由主義諸国に逃れる人びとがおり、その人たちが難民条約の主な対象でした。「強すぎる国家」によって人間としての自由を押さえつけられる状況を逃れる「政治亡命者」のイメージです。東西冷戦が終焉を迎えてからは、そのような難民の数は減ってきています。

　第3の原因は、アフリカなどの途上国における深刻な貧困と失業です。温暖化に伴う砂漠化の進行、干ばつと水不足は食糧危機を招き、多くの農村部の人びとは都市部に移動しています。しかし、人口が増える都市部では高い失業率、貧困、教育機会の欠如などの問題が発生し、若者の中には国の将来に見切りをつけ、生き残りをかけて北側の豊かな国をめざす者が増えています。このような人たちは「経済移民」とか「経済難民」と呼ばれています。ただし、命を守るために外国をめざすという点では難民とのちがいはなく、このような人たちに「生存移民」と名づけて、国際的な支援の対象とすべきだと考える研究者もいます。

　紛争、迫害、極度の貧困は互いを強め合う関係にあります。長年にわたる圧政と迫害、人権の侵害は社会の緊張と経済格差を招き、それは時に武力紛争の引き金となります。紛争は経済の崩壊を招き、失業と貧困を増やします。逆に、著しい貧困と格差は紛争の可能性を高めます。社会がバラバラになる中で、民族的、宗教的、社会的少数派は差別と排除の対象になります。長期にわたって蓄積された構造的で複合的な原因が重なり合って、迫害、紛争、貧困などを激化させ、人びとの国外流出を引き起こしているのです。

❖ どう逃げるのか、どこに逃げるのか

　次に、人びとが国境を越えて避難するプロセスを見てみましょう。

◆ 人の国際移動

難民発生国
押し出し要因　貧困、紛争、迫害
引き戻し要因　家族離散、費用

難民受入国
引きつけ要因　平和、労働力不足
押し返し要因　外国人排斥

　人びとが逃げるきっかけはさまざまです。公安警察が自分を捜していることがわかった、政治活動の仲間が逮捕された、武力衝突や砲撃・爆撃が激しくなり勤務先も商店も閉鎖されて生活ができない、自宅が被弾して壊されて逃げ出した……。武装勢力による強制的な追い出しや、強制的徴兵、性暴力被害などの危険もきっかけとなります。

　ヨルダンで会ったシリア難民の母親は、何よりも14歳の娘がレイプされることをおそれて、家を守るために残った父親を除く家族全員で逃げてきたと言っていました。住み慣れた土地や家、顔なじみの人びとと別れることを決めるのはつらい決断です。危険が迫る中で、とどまるか逃げるか、逃げるとしたらどこに行くのか、誰とどうやって行くのか、人びとは最後まで悩みます。

　逃げると決めたとき、普通は国内の親戚や知り合いのもとに身を寄せます。これがいわゆる「国内避難民」ですが、避難先での生活も危険と不安に満ちています。国内のどこにいても安全が保てないと判断した段階で、人びとは国外脱出を図ります。しかし、武装勢力が道路に検問を設けている中での逃避行は、とくに女性や老人には厳しく、まず若い男性などが目的地まで逃げ、安全が確認されてから家族を呼び寄せることが多いのです。

　また、「なぜ逃げるか」という問題のほかに「なぜ特定の国に逃げるか」という問題があります。2015年には中東からの移民・難民100万人近くが数千キロメートル離れたドイツに移動し、世界を驚かせました。

　難民はまず、国境を接した隣国に逃れます。シリア難民560万人の大半は、トルコ、レバノン、ヨルダンなどの周辺国に避難しています。隣国は言葉や文化、宗教、また人種が近いことも多く、もし本国の状況が改善した場合には国に戻ることも容易です。逃げる費用も安く済みます。実際、世界の難民の86％は近隣国に避難しています。

chapter **1** 世界では日本の人口の約半分が
難民や避難民になっている!?

＊第二次世界大戦後の 1945 年から、1989 年の「ベルリンの壁」崩壊まで続いた、アメリカ合衆国を中心とする
資本主義陣営とソビエト連邦を中心とする共産主義陣営の対立。軍事的衝突を伴わないので、冷戦または冷たい
戦争と呼ばれた。1991 年にソビエト連邦が崩壊して完全に終結した。

　ドイツやイギリス、フランスのような旧植民地宗主国は歴史的な理由か
ら、またカナダやオーストラリア、アメリカなどの移民国は難民も多数受け
入れてきたという理由から、大きな移民・難民コミュニティがあり、それが
難民たちを引きつける要因になっています。大半の難民は子どもたちの将来
を考え、高い生活水準と雇用機会、教育機会のある国を選びます。
　難民として認められる可能性が高い国、難民申請者にも支援の手が及ぶ国
も好まれます。とくに「国のイメージ」は大きな役割を果たします。ドイツ
では、メルケル首相がシリア難民をすべて受け入れると宣言したことが「難
民に優しい国ドイツ」のイメージを広げ、多数の移民と難民の流入を招きま
した（ここまで 20 ページ図参照）。

❖国際問題化している難民問題

　逃れたい国があっても、そこまでたどり着く手段がなければいけませんが、
今日の世界はグローバリゼーションの進行と技術進歩の中で航空運賃が下が
り、陸路でも GPS 付き携帯電話で位置と国境管理情報を得ながら移動でき
るようになりました。最近では携帯電話を使った送金サービスがあり、難民
の「移動能力」は強化されています。難民は受動的に「逃げる人」でなく、
逃げる国を「選択する（できる）人びと」になりました。遠く離れた国でも
庇護申請をすることが可能となり、難民の向かう国は多様化しています。
　日本でもアフリカからの難民申請者が増えています。それは、世界のどの
国でもある日、難民がやってくる可能性があることを意味します。言い換え
れば難民問題の国際的な拡散、難民問題の国際問題化です。難民問題はもは
や遠くの国の問題、「対岸の火事」として高みの見物をしていることのでき
ない問題なのです。　　　　　　　　　　　　　　　　　　　（滝澤三郎）

04

難民をたすける
国際的な協力のしくみ

❖ 難民をたすける 3 つの理由

国家は、外国の侵略を防止すると同時に、国民の命と生活を保護する責任があります。ところが、世界の数十カ国が国民を保護する責任を果たせず、迫害、暴力が蔓延する中で、ほかの国にたすけを求める難民が生じてきた現実を受けて、世界各国が協力して彼らを保護する国際的なしくみが出来上がりました。

そもそも、なぜ難民をたすける必要があるのでしょうか。それには、大きく3つの理由があります。

第1は、自国の保護を受けられない人びとの命をたすけるという人道的な理由です。川で溺れている人がいたらたすけたいと思うように、命の危険にさらされている人びとを守るのは、人としての義務、人道主義の理念です。

第2は、難民問題が引き起こす国際的な混乱を防ぐためです。難民問題は遠い国の出来事で、自分には関係ないと思う人もいるかもしれませんが、それはちがいます。たとえば、2011年に勃発したシリア内戦では500万人の難民が発生し、隣国のトルコやレバノンへと逃げました。はじめ、多くの先進国は「対岸の火事」だと無反応でしたが、その結果、100万人もの難民が4000kmも離れた欧州諸国まで押し寄せ、大混乱を引き起こしました。

第3の理由は、「情けは人のためならず」だからです。国際社会においても、困ったときは互いにたすけ合う必要があります。今は支援をする側でも、将来は支援をされる側になるかもしれません。ドイツのように、流入した多数の難民を、少子高齢化が進む中で若い労働力を獲得する機会とみなし、支援費用は人材育成のための「投資」だと考える国もあります。難民が社会に貢献する可能性に着目すると、難民の受け入れは国の将来にとってプラスになります。

chapter 1 | 世界では日本の人口の約半分が難民や避難民になっている!?

❖ 誰が、どうやって難民を支援しているのか

　難民条約に加入している国の政府には、難民と認めた者を領土内で守り、彼らが生きていけるように支援する義務があります。

　とくに大切なのは、1951年の条約にある「難民を生命または自由が危機にさらされるおそれのある国に送還してはならない」という義務で、「ノン・ルフールマンの原則」と呼ばれます。これによって、途上国は世界の難民の85％を受け入れています。先進国は、その負担を分担するため難民キャンプなどに暮らす難民の一部を引き受ける「第三国定住」[*1]や、難民が流れ込んだ国に資金協力をしています。つまり、各国が果たす役割は、難民を直接的に受け入れること、または間接的に資金協力をすることです。多くの先進国は、程度の差はあれ、両方の役割を果たしています。

　しかし、難民として受け入れられても、その国の言葉を理解できなかったり、仕事がなかったり、住む家が見つからなかったりしたのでは、暮らしていけません。差別をされて社会的に孤立してしまうこともあります。そうした問題を防止し解決するには、政府以外にも行政を担う自治体、仕事を提供する企業、子どもの教育を担当する学校、そして異国での生活を支える近隣の人びとの協力が不可欠です。難民問題を啓発・支援するNGOの役割も大きいです。政府と民間が「受け入れ」と「自立支援」の役割を分担して協力してこそ、効果的に「難民をたすける」ことができるのです。

　また、難民問題では、UNHCRの役割も欠かすことができません。1950年に設立されたUNHCRは、各国に難民条約への加入を促し、加入国が難民条約をきちんと実施しているかを監督する、いわば「難民条約の守り人」です。現在、1951年の条約または1967年の議定書に加入している国は148カ国ですが、中東やアジア諸国の多くは未加入で、それらの国の加入を促す

◆難民問題3つの解決法

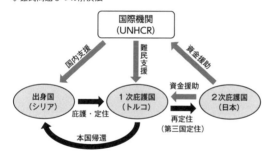

ことが喫緊の課題となっています。

UNHCRのもう1つの役割は、「難民問題の解決」を推し進めることで、それには3つの方法があります（上図参照）。

第1は、難民が最初にたどり着いた国（1次庇護国）に受け入れられ、定住・永住・帰化していくことです。

第2は、出身国での迫害や紛争が終わったときに帰国する「本国帰還」で、これがいちばん望ましいと考えられています。

第3は、女性や子どもなど、弱い立場にある難民を先進国（2次庇護国）に移住させる「第三国定住」です。

これらの解決策の実行はいずれもお金がかかり、先進国が直接的に、またはUNHCRを通して負担しています。UNHCRの活動と予算の規模は難民数の増加に伴って拡大し、現在の職員数は1万1000人、年間予算は約8000億円です。ただし、難民キャンプでの学校や診療所の運営、食糧配給などはUNHCRが1000近いNGOと契約を結んで実施しています。

このように、難民をたすける国際的なしくみは、各国政府、UNHCR、現場のNGOと市民社会の4者の協力によって支えられています。

❖国際的なしくみが、限界に直面している

しかし、現在の難民をたすける国際的なしくみは、深刻な限界に直面しています。

第1の限界は、難民が自力で、自分たちを救ってくれる国までたどり着かなければならないということです。たどり着いた国は難民を保護する義務がありますが、たどり着かない難民（国内避難民や地中海などの公海上にいるボート難民）を保護する条約上の義務はありません。先進国では、これを逆手に取った「難民締め出し」が強まっています。空港でのパスポート・ビザ

＊1　すでに途上国の難民キャンプなどで生活している難民の中で、女性や子どもなどとくに保護を必要とする難民を先進国が受け入れる制度。
＊2　国際社会全体の平和と繁栄に不可欠な財で、各国が協力して供給するもの。たとえば、難民保護体制や、パリ協定などの地球環境の保護体制、国連による平和維持制度などをいう。
＊3　増え続ける移民や難民の移動に伴う問題に対応するため、国際社会が責任と負担を公平に分かち合いつつ、包括的で持続可能な支援をする体制をつくることを宣言したもの。
＊4　難民受け入れ国にかかる負担を軽減すること、難民の自立を支援すること、第三国定住などへのアクセスを拡大すること、難民の自主帰還を促進できるよう環境を整えることという4つの目標を達成しようとする国際的な約束。

審査を強化する、国境に鉄条網を敷設して入国を防ぐ、難民船が領海に入る前に阻止するなどです。難民の数が増え続ける中で、難民条約が、「保護」ではなく「排除」のために使われる状況が生まれているのです。

　第2の限界は、増え続ける「紛争難民」が、必ずしも難民と認められない問題です。今日の難民の大半は、国内武力紛争、治安悪化などを避けて外国に庇護を求める人びとですが、難民条約の「迫害」の理由に「紛争」が明示的に掲げられていないことを盾に、「紛争難民」を難民と認めず、一時的な避難・滞在を認めるだけとする傾向があります。

　第3の限界は、「フリーライディング（タダ乗り）」問題です。難民の国際的保護は、難民の安全と国家の安全を両立させる「国際公共財」＊2です。しかし、ある国が難民を引き受けてくれれば、ほかの国は受け入れずに済むため、「難民を押しつけ合う」ことになりやすいのです。シリア難民の大半はトルコ、レバノン、ヨルダンが受け入れていますが、それ以外の国ぐには結果的に3カ国の受け入れに「タダ乗り」しているといえるでしょう。

　資金協力の面でも、一部の国が負担を引き受けているという問題があります。UNHCRの予算は12カ国が大半を負担しており、その半分しか集まらないのが現状です。予算の約4割を負担し、毎年10万人近くの難民を受け入れてきた難民保護に熱心なアメリカも、トランプ政権のもとで「アメリカ・ファースト」を唱え、難民受け入れや資金拠出に消極的になっています。

　世界的に難民への逆風が強まる中で、2016年9月の国連総会では「ニューヨーク宣言」＊3が出されました。18年の国連総会までに「難民にかかるグローバル・コンパクト」＊4が出される予定です。そこでは、これまでの難民をたすけるしくみを見直し、政府や国際機関だけでなく、市民団体や企業、何よりも難民自身の潜在能力を生かすかたちで、新しい「難民を守るしくみ」が示される予定です。
（滝澤三郎）

05

パレスチナ難民とその現状

❖70年前に発生したパレスチナ難民

シリア難民が発生するまで、世界の難民の4人に1人はパレスチナ難民でした。国連パレスチナ難民救済事業機関（UNRWA）[*1]に登録されているパレスチナ難民は520万人を超え、ほとんどがパレスチナ自治区（ヨルダン川西岸、ガザ）、東エルサレム、ヨルダン、レバノン、シリアに住んでいます。

アジア、アフリカ、ヨーロッパの十字路にあり地中海に面したパレスチナ地方は、古代文明の中心地に近く、さまざまな民族が行き交う場所でした。12世紀後半以降はオスマン帝国の一部となり、アラブ人（アラビア語を話す人びと）が住んできました。しかし18世紀後半、オスマン帝国の衰退に伴ってヨーロッパ列強が勢力を伸ばし、第一次世界大戦後はイギリスの委任統治下に置かれました。

この地域はユダヤ教、キリスト教、イスラム教の聖地があり、多くの人びとの関心を集めてきました。オスマン時代にはそれぞれの宗教が共生していましたが、19世紀にヨーロッパで民族主義が勃興し、反ユダヤ主義が台頭すると、ユダヤ人の中で「シオニズム運動」（パレスチナにユダヤ国家をつくろうという政治運動）が起こりました。その結果、ユダヤ移民が増え、ヨーロッパのユダヤ資本がアラブ人から土地を買い占めたため、両者の間で緊張関係が生まれるようになりました。

ナチスの台頭、第二次世界大戦とホロコーストを経て、欧米の後押しを受けたシオニズムの影響力が強まりました。人口の多数を占めていたアラブ人たちの強い反対にもかかわらず、国連は1947年、イギリスのパレスチナ撤退後、パレスチナをユダヤ国家とアラブ国家に分割する決議を採択しました。1948年にイスラエルが建国を宣言すると、第一次中東戦争が起こり、70万人以上のアラブ人が故郷を追われて難民となりました。その後も何度

かの戦争で難民や避難民がたくさん出ました。国連の定義では、1946年から48年に難民となった人たちとその子孫を、パレスチナ難民としています。

❖ パレスチナ難民と国連

ほかの多くの難民が UNHCR の保護下にあるのとは対照的に、パレスチナ難民は UNRWA のサービスを受ける人たちです。1950年に UNHCR がつくられたときにはすでに、パレスチナ難民は49年につくられた UNRWA の下にあり、1951年につくられた難民条約は、UNHCR 以外の国連機関のサービスを受けている難民を適用外とするため、パレスチナ難民は難民条約の保護下にありません。

UNRWA は、難民を受け入れている国のシステムに従うことになっています。パレスチナ自治区にある UNRWA の学校ではパレスチナの教科書を使っていますが、同じ UNRWA の学校でも、ヨルダンにいる子どもはヨルダンのカリキュラム、レバノンにいる子どもはレバノンのカリキュラムで学びます。また、パレスチナ難民の待遇は国によって大きく異なり、パレスチナ自治区では市民であり、シリアやヨルダンでは国民に準じる権利がありますが、レバノンではほかの外国人との間で法制度的にも格差があります。

国連は1948年の決議194号で、パレスチナ難民が元の土地に戻る権利と、戻らない場合はそれに代わる補償の権利があることを認めましたが、イスラエルがパレスチナ難民の帰還を認めず、この決議は有名無実化したままです。当初パレスチナ難民を保護し、その残された財産を守るための国連機関もつくられましたが、機能しないままになっています。

❖ パレスチナ難民の現状と「再難民化」

第3世代、第4世代になったパレスチナ難民のうち、パレスチナ自治区の

レバノンのパレスチナ難民キャンプの様子

ガザに約130万人、ヨルダン川西岸に約81万人が住んでいます。これは、ガザの人口の約7割、西岸でも4割に当たります（残りはガザや西岸に代々住んできたパレスチナ人です）。

　第一次中東戦争の結果、アラブ側に残されたパレスチナ地域は国連の分割案の半分以下になりましたが、その地域も、1967年の第三次中東戦争でイスラエルに軍事占領されました。1993年になってようやく、イスラエルとパレスチナ解放機構（PLO）[*2]の間で「オスロ合意」が結ばれ、翌年にヨルダン川西岸とガザで暫定自治が開始されましたが、和平交渉が進んでいないため、オスロ合意で予定された最終的な解決は20年たっても実現せず、現在もヨルダン川西岸の60％以上がイスラエルの占領下にあり、イスラエルの入植活動が続いています。

　自治区の一部であるガザ地区では、イスラム主義政党ハマスの支配下にあるため、2006年からイスラエルによる封鎖が強化され、人や物の出入りが大幅に制限されています。また、08年から14年の6年間で3度の大規模なイスラエルの軍事侵攻を受け、経済水準は20年前に戻ってしまいました。戦争による破壊、長時間の停電、物資の不足が続き、現在も10万人が仮住まいをし、世界最悪といわれる40％以上の失業率の中で、人口の8割が援助物資に頼らざるを得ない状況が続いています。

　ヨルダンには217万人、シリアには52万人がパレスチナ難民として登録されていますが、2011年から続くシリア内戦ではシリア人だけでなくパレスチナ難民も再難民となりました。レバノンにはシリア難民が約100万人流入し、人口の3人に1人が難民となりました。新たな難民のうち約10万人は再難民化したパレスチナ難民だといわれます。

　もともと約45万人のパレスチナ難民が登録されているレバノンでは、シリア難民の流入後には公式の難民キャンプがつくられず、以前からあったパ

* 1 パレスチナ難民に教育や保健などのサービスを提供するためにつくられた国連機関。義務教育のほか、基本的な医療や貧困層への物資支援なども実施している。実施にあたっては、パレスチナ難民自身を雇用しているため、行政機関的な役割も果たしている。
* 2 1964年に結成されたアラブ民族主義に基づく民族解放運動組織。1969年にヤセル・アラファトを中心とするファタハが主導権をとり、1974年に国連にオブザーバー参加、1994年以降はパレスチナ自治政府の主体となっている。
* 3 2010年暮れにチュニジアから起こった民主化要求運動。若者を中心にエジプト、シリア、リビア、バーレーンなどにも波及し、政権交代が起きた国もあったが、シリアやリビアでは内戦状態になっている。

レスチナ難民キャンプにシリア難民が流入しています。そこでは、70年前につくられた規模のままに人口が数倍になり、人がやっと通れる狭い路地、陽の差さない建物、垂れ流しの下水など劣悪な状況で、子どもの2割以上に発達障害や心理的な問題が生じているという調査もあります。また再難民となったパレスチナ難民は、難民の中でもとくに脆弱で、95%以上が食事に事欠き、90%以上の家庭でトラウマを抱えた家族がいます。

❖ 政治的解決と難民の権利回復を

　国境を越えた世界の難民全体の6割がパレスチナ難民かシリア難民です。2015年の「アラブ・オピニオン・インデックス」という調査では、アラブ地域全体で75%以上の人がパレスチナ問題を、パレスチナ人だけでなくアラブ全体の問題だととらえています。70年以上にわたりパレスチナ問題が解決の目処さえ立たない中で、アラブ全体に共通の不安感や危機意識、政治的な苛立ちが生まれ、それが世界全体の平和を大きく脅かしているといえます。

　難民問題は、生活問題であると同時に人権問題です。パレスチナを含むアラブ地域では人口の過半数が若者で、「アラブの春」*3が潰えた後、各地での紛争により、とくに若い世代の絶望感が深刻です。私たちの会では30年ほど前からガザやレバノンを中心にパレスチナ難民の子どもたちを支援していますが、子どもや若者への支援がますます重要になっています。

　同時に、一日も早いパレスチナ問題の政治的解決の実現と、パレスチナ難民の権利回復が不可欠です。当事者間の交渉が進まない中で、パレスチナ分割を決めた国連と国際社会の責任はいっそう重くなっています。また、UNHCRとUNRWAとの連携はかつてにくらべ格段に進みましたが、難民条約をパレスチナ難民にも適応するための早急な対処が求められているでしょう。
（田中好子）

column	
1	**なぜ私たちはアフガニスタンから逃げたのか**

　私の名前はイブラヒムです。アフガニスタン内戦中の 1990 年、首都カブールで生まれました。1978 年に始まった内戦では、2001 年までに 100 万人以上の人びとが殺されました。私たちが属するシーア派のハザラ族は少数民族で、多数派のスンニ派のパシュトゥン族とタジク族からは、長年にわたって差別・迫害されていました。

　カブール市で 3 人の叔父の家族と一緒に住んでいた私は、3 歳のころから内戦のむごさを体験してきました。砲撃音が激しかったある日、長いひげを生やした男たちが家に入ってきて、私たち子どもにライフルを突きつけ、叔父と父の居場所を教えろと脅しました。父たちがいないとわかると、彼らは 16 歳のいとこのハッサンを連れていきました。戻ってきたとき、彼はひどく殴られたけがの痛みに苦しんでいました。

　数日後、同じ男たちがやってきて、私たちは家から追い出されました。カブール大学近くに移りましたが、戦闘は激しくなる一方で、母はけがをし、ハッサンは死んでしまいました。夜明けの暗いうちに再び逃げ出し、カブールの西の町に移りましたが、そこも安全ではありませんでした。家の前で遊んでいたとき、目の前にいた 5 歳の友だちの首の後ろに流れ弾が当たり、彼は血を噴き出して死んでしまいました。さらにカブールの西に逃げました。モスクの近くに住んでいた私は、運ばれてくるたくさんの死体を見ました。そのため夜中に悪夢で目が覚めるようになりました。

　1996 年、タリバンがカブールに入り、何千人もの人びとを拷問して殺しました。私たちはマザール・シャリフ市に逃げましたが、そこもタリバンに支配され、虐殺が起きました。3 人の叔父は目の前で撃ち殺されました。死体を見慣れていた私にとってもひどい衝撃で、今でも思い出すのがつらいです。

　国内に安全な場所はないと判断した母は、当時 8 歳の私や弟妹を連れて隣国パキスタンに逃げましたが、そこでも言葉や宗教のちがいで激しく差別・迫害されました。私たちは命の危険を感じるたびに逃げ、10 年間で 5 つの場所へと移り住みました。母は女性差別の激しい社会で外出もできず、長男の私が弟妹の面倒を見ました。まだ 5 歳だった妹や弟たちと、朝から晩までカーペット工場で働いたのも悲しい思い出です。2008 年、日本で難民申請をしていた父にやっと特別在留許可がおり、翌年来日しました。このコラムを書きながら、また昔のつらい経験を思い出しています。　　　　（イブラヒム）

第 2 章

世界は難民を
どのように支援している？

06

トランプ大統領は難民を
どのように考えているのか？

❖トランプ政権による難民受け入れ停止

アメリカ大統領に就任したドナルド・トランプは、2017年1月27日、大統領令13769号「アメリカへの外国人テロリスト入国から国を守る」を発令し、すべての難民受け入れを120日間停止すると発表しました。イラン、イラク、リビア、ソマリア、スーダン、シリア、イエメンの7カ国の国籍保持者が有効なビザを保有しているか否かにかかわらず、その入国を90日間停止し、シリアからの難民の入国は無期限停止するとしました（外交ビザによる入国は除く）。

ムスリムが多数を占める国ぐにから人びとの入国を禁止するこの大統領令は「ムスリム入国禁止令」とも呼ばれており、この大統領令を見るかぎり、トランプ大統領はムスリムおよび難民を「外国人テロリスト」とみなしていることがわかります。

トランプ政権の難民に対する厳しい対応の一方で、アメリカは国連難民高等弁務官事務所（UNHCR）への最大の援助国です。2017年4月30日の時点で7億7379万ドルを拠出しており、第2位の欧州連合（EU）の5倍強、第3位の日本の8倍弱の規模です。また、1975年から2015年までのアメリカによる難民受け入れの総計は325万人強で、年平均約8万人の難民を受け入れてきました。

そのため、トランプの大統領令に見られる難民受け入れへの消極性は、アメリカ社会全体の民意を反映しているわけではなく、大統領令13769号に反対する人びとは、その発令後すぐに全米各地の空港に集まり、大統領令への抗議デモを行うとともに、難民を歓迎する意思を表明しました。そして、連邦地裁が2017年2月3日、大統領令に対し一時差し止め命令を下すと、トランプ政権は上訴し、難民政策をめぐってアメリカ社会の分断が進行して

chapter 2　世界は難民をどのように支援している？

います。

❖難民は「潜在的テロリスト」？

　アメリカでは、移民・難民問題をめぐって、連邦政府と州政府が必ずしも一致した政策を掲げてきたわけではありません。トランプ大統領誕生前から、州政府が地域社会への難民流入拒否を進める動きは活発化していました。2015年9月に前オバマ政権が次年度に1万人のシリア難民受け入れを宣言すると、多くの共和党派の州知事が受け入れ反対を表明し、その数はこの年の11月には30州に上りました。このような保守的世論を背景に、大統領選挙中からトランプは、難民に対する排外主義を表明してきました。彼は2015年11月13日に起きたパリ同時多発テロ事件を受けて、12月7日には「わが国の代表者たちが、何が起こっているのか理解するまで、アメリカに入国するムスリムの全面的で完全な停止」を求めました。

　さらに、2017年8月ワシントン・ポスト紙は、トランプ大統領がオーストラリアからの難民を受け入れる協定を覆そうとしたことを暴露しました。オーストラリアでは2013年7月より、ボートでの入国を試みる人びとが難民申請できない法律を施行しており、前オバマ政権は、その処遇を問題視し方針転換を要求するとともに、収容所からアメリカへ最大1250人の難民受け入れに合意していました。

　トランプ大統領は、その理由として、アメリカに「いるべきではない人たち」を多く入国させることによって、「アメリカがごみ捨て場のようになってきている」ことを挙げました。そして、「わが国にいるべきではなかった人たちのせいで、ワールドトレードセンターは崩れ落ち、サン・バーナディーノが起こったのだ」と述べました。ワールドトレードセンターとは、2001年のニューヨークでの同時多発テロのことであり、サン・バーナディー

大統領令13769号に署名するトランプ大統領（中央）、ペンス副大統領（左）とマティス国防長官（右）

ノとは、15年12月にカリフォルニア州の同名の市で起きたテロのことです。

つまりトランプ大統領は、テロが起きたのはアメリカが難民を受け入れたためであって、オーストラリアからの難民も同様の事件を起こしうる危険分子であると認識しているのです。彼は「そのような人びとを受け入れることはいや」で、「彼ら（難民）が悪いことは確実だ」とも言いました。「5年ほどでボストンの爆弾犯のようになるだろう？ いや、2年か？」と、難民がおしなべてテロリスト予備軍であることをくり返し主張しました。これは、2013年4月15日にアメリカ・マサチューセッツ州ボストンで開催されたマラソン大会中に起こった爆弾テロ事件を指しており、犯人は難民ではなかったものの、トランプ大統領はいまだ難民だと思い込んでいます。

これらのトランプ大統領の発言から、難民がテロリストとほぼ同じような存在として理解され、アメリカにとって人道主義的な保護の対象ではなく、社会に恐怖と不安をもたらす「問題」であり、その入国を阻止することを当然だとみなしていることがわかります。

しかし、実際には、2001年の同時多発テロ以降、15年までに78万4000人の難民がアメリカに再定住し、それまでに3人の難民がテロ容疑者として逮捕されてはいるものの、そのうち2人はアメリカ国内でテロを計画したものではなく、また1人はテロ活動とは無関係でした。アメリカで難民テロリストに殺される確率は36億分の1との統計もあり[*1]、データは、難民とテロリズムを関連させる事実はほとんどないことを明らかにしています[*2]。

❖「強い男」に惹きつけられる人びと

それでは、なぜトランプ大統領は、事実に基づかないにもかかわらず、難民を「潜在的テロリスト」とする「イメージ」を広めてきたのでしょうか。難民をテロリストであるかのように表象していること自体を政治的扇動であ

chapter **2** 世界は難民を
どのように支援している？

*1 http://www.independent.co.uk/news/world/americas/refugee-terrorist-chances-of-killed-one-in-3-billion-
donald-trump-immigration-ban-syria-yemen-libya-a7548151.html
*2 http://www.migrationpolicy.org/news/us-record-shows-refugees-are-not-threat

ると批判する見方があります。それによると、トランプ大統領は、難民がテ
ロリストであるかのように不安を煽ることによって、自分がその入国を阻む
「強い男」だと映るよう演出してきたというのです。

　経済学者のロバート・ライシュは、トランプが「手品師」のようにそのよ
うなイメージを操り、不安を抱えるアメリカ人の信頼を獲得してきたと批判
しています。アメリカ人の3分の2が余裕のない暮らしに追われ、転落の道
をたどるかもしれない不安な状況に陥らざるを得なくなっており、その不安
な人びとが、そうした状況を生み出してきた大企業エリートの責任を問うの
ではなく、トランプ大統領による排外主義に惹きつけられているのです。

　この排外主義は、世界で頻発するテロによって一定の正当性を獲得してき
ています。トランプ大統領は2017年3月6日、大統領令13769号で定めら
れた国ぐにからイラクを除外した、新たな大統領令13780号に署名しまし
た。いくつかの連邦地裁では執行差し止め処分を受けたものの、トランプ政
権は連邦最高裁へ上訴し、連邦最高裁は同年6月26日にこの大統領令の一
部執行を認めました。同年9月24日には大統領令13780号を修正した新た
な大統領告示が発表され、同年12月4日、最高裁はこの告示の全面的な執
行を認めました。

　難民を潜在的テロリストとして危険視するトランプ大統領の言動は、移
民・難民のアメリカへの流入を制限しようとする試みの一部にすぎません。
トランプ政権内では2017年8月現在、難民・移民を扱う機関を現在の国務
省から国土安全保障省へ移転する提案がされており、難民の受け入れの意味
は人道的配慮から国家安全保障問題へと公式に変更されていくことになりそ
うです。トランプ政権による難民政策の大幅な変更は、とくに第二次世界大
戦以降、アメリカが人道的問題として難民問題に取り組んできたことで培っ
てきた国際的評価を、大きく損なうかもしれません。　　　　　（佐原彩子）

07

EU諸国における「難民・庇護申請者のホストファミリー制度」

❖ヨーロッパが直面するシリア難民危機

　現在、ヨーロッパ諸国は、いわゆる「シリア難民危機」に直面しています。2011年に始まった「アラブの春」(29ページ参照)に端を発し、多くの中東・アフリカ出身者がヨーロッパをめざしています。EU諸国において庇護申請[*1]する人の数は、1990年代後半から2000年代は年間約20万人から40万人の間を推移していましたが、14年には約63万人、15年には約132万人、16年は約126万人に達しました。もちろん、シリア人の圧倒的多数は隣国であるトルコ、ヨルダン、レバノンに避難していて、18年3月現在、3カ国で登録されたシリア難民の数は560万人を超えています。

　132万人と560万人という数字をくらべると、本当の意味で「シリア難民危機」に直面しているのはヨーロッパではなくシリアと隣り合った3カ国ですが、通常20万人から40万人の庇護申請者を審査していた地域で突然132万人もの人を審査するのはたいへんですし、とくにドイツには15年だけで89万人もの難民・避難民が新たに到着し、大きな混乱を生んでいます。

❖難民たちの住むところがない

　大量の難民・避難民が短期間で入国したため、ヨーロッパ諸国は多くの困難を抱えることになりました。中でも大きな問題が、宿泊施設の確保です。

　通常EU諸国では、難民条約(14ページ参照)の定義に基づいて正式に「難民」として認められた人だけでなく、まだ正式には難民として認められていない庇護申請中の人も、原則的に政府や公的機関が宿泊施設を提供・確保することが法律[*2]で義務づけられています。一般的にどの政府も、毎年おおよその見込みに基づき住居や簡易宿泊施設をあらかじめ準備しておくのですが、突然、例年の数倍・数十倍の難民・避難民が流れ込んだ結果、定員オーバーに

chapter 2 　世界は難民を
どのように支援している？

なってしまいました。ドイツやスウェーデンなど、とくに短期間に大量の難民・避難民がたどり着いた国では、体育館や公民館などを利用しても間に合わず、駅で野宿せざるを得ない人たちまで出てきてしまいました。

　正式に「難民」として認められた人についていえば、少なくとも数年以上はその国で生活することが見込まれるため、新たに住居を建設することも考えられますが、明日明後日の寝床には間に合いません。また、庇護申請者についていえば、難民認定審査にどれくらいかかるかわからないのに、そのために大量の簡易宿泊施設を建設するのは非効率ですし、環境・景観保全の観点からもさまざまな制約がかけられている地域もあります。そのような住居や宿泊施設の不足を、「難民をこれ以上受け入れられない」理由の1つとして挙げる人たちまで出てくる始末となりました。

❖自宅に難民を受け入れるホストファミリー制度

　そこで、何とかして難民をたすけたいという高い意識を持つ一般市民や民間団体が、知恵を絞って提案し実行し始めたのが「自宅での難民ホストファミリー制度」です。国や地域によって詳細は異なりますが、ここでは一般的な制度の概要について、大まかに説明したいと思います。

　まず庇護申請者は、たどり着いた国の政府に正式な庇護申請者登録をします。その登録情報に基づいて、何らかの複雑な事情がある庇護申請者（たとえば、病気の人、精神的な障害を負ってしまった人、身寄りのない未成年者、何らかの犯罪を犯した可能性のある人など）については、ホストファミリー制度の対象から除外されます。また、難民や庇護申請者は必ずしも貧しいわけではありませんので、自分で宿泊施設を確保できる人や、親戚や友人などに居候させてもらえるような人も、通常は対象にはなりません。

　これらの人びと以外で、政府が提供する簡易宿泊施設に入ることができな

ケンブリッジのホストファミリーと暮らすムスリムの青年ファラージ　©UNHCR／Aubrey Wade

かった庇護申請者が、ホストファミリー制度の主な対象となります。また、正式に難民と認められた人あるいは「難民に准ずる者」[*3]という地位を認められた人についても、政府や公的機関が提供するはずの住居が不足している場合、ホストファミリー制度の対象になります。そのような人びとは、政府から難民支援を委託されている半官半民の難民支援団体や公的に認可されたNGOに、自分が簡易宿泊施設や住居を必要としていることを登録します。難民支援団体やNGOでは、登録のあった難民や庇護申請者について一人ひとり面接を行い、個々人の身分事項やニーズについて詳しく把握します。

ホストファミリー側の手続きとしては、自宅に空いている部屋があったり、自分が持っている住宅を無償で提供したりすることができる人は、先でふれた難民支援団体やNGOに連絡して、自分が提供できる宿泊施設や条件、対象者の希望などについて詳しく登録します。たとえば、何人までならホストできる、期間は何日あるいは何週間・何カ月、小さい子どもがいる家族をホストしたい、女性がよい・男性がよい、禁煙・喫煙などです。そのほかにもさまざまな条件を提示することはできますが、少なくとも住居は無償で提供することが大原則となっています。そのうえで難民支援団体やNGOが仲介人として、それぞれのホストファミリー側で提供できることや条件と、難民・庇護申請者側のニーズや希望を細かく検討して、実際に同居し始める前にある程度「マッチング」させておきます。住み始める前に、ホスト側とホストされる側の間で面談を行うこともあります。

マッチングや面談が済んで相互の合意が成立したら、実際に難民や庇護申請者が入居することになります。ホストとホストされる側は（ホストが住居を無償で提供すること以外は）基本的に対等な立場で暮らし、細かいこと（たとえば家事の分担、掃除の頻度、誰が何を支払うのかなど）はお互いの相談で決めていきます。もし意見の食い違いや問題が起きた場合には、原則的に

* 1　母国において迫害のおそれを感じた人が、他国における難民保護を求めて政府（や国際機関）に正式に要請することること。難民条約上の解釈としては、迫害のおそれがある人が母国外に出た瞬間に「難民となる」とされるが、実際には公的な庇護申請手続きを経て「難民認定」されないと、難民条約上の権利を享受するのはむずかしい。
* 2　EU 指令。欧州連合（EU）加盟国が遵守する法的義務のある地域的取り決めのこと。とくに庇護申請者の宿泊施設については、2003 年に採択され 2013 年に改定された「国際的保護の申請者の処遇のための基準を定める指令」（Directive 2013/33/EU）に規定されている。
* 3　難民条約上で難民と認められるには、母国において「人種、宗教、国籍、政治的意見、または特定の社会的集団の構成員であることを理由に迫害のおそれ」がある必要がある。それに加え、母国における死刑や拷問のおそれ、また紛争の被害を受けるおそれがある人についても、難民とは認められないものの、難民とほぼ同等の保護を与える国が増えてきている。

はホストとホストされる側の間の話し合いで解決することが期待されますが、どうしてもむずかしくなってしまった場合には、仲介した団体や NGO に連絡をしてホストファミリーを終了することになります。異文化背景を持つ見ず知らずの人びとが同居・入居するわけですから、両者の期待や価値観、生活習慣が折り合わないこともありますが、2015 年以降、西ヨーロッパ諸国では数千件規模のホストファミリーが成立しているといわれています。

❖ なぜ難民を自宅に迎え入れるか？

なぜ西ヨーロッパの人びとは、見ず知らずの難民や庇護申請者を自宅に迎え入れるのでしょう？　大きな理由は次の4つに分類することができます。

第1に、家を追われた人びとのことを「本当に気の毒だ」と思い、難民・避難民に対する同情心から家を提供する人びとです。

第2に、とくにドイツでは、第二次世界大戦におけるユダヤ人の迫害の記憶がまだ脈々と受け継がれているため、その暗い過去に対する悔恨の念と、決してその歴史をくり返さないという強い決意の表れによるものです。

第3に、とくに子どもがいる家庭では、難民・避難民家族を受け入れることで、かえって自分の子どもに対する国際教育になると考えて、ホストファミリーを申し出ることがあります。

第4に、「困っている人をたすけるのは当然であり、人道や博愛の精神を実践することこそヨーロッパ人であるという理念と誇り」によってです。

最後の理由は日本人にはあまりピンと来ないかもしれませんが、じつはヨーロッパではかなり根強く広まっている意識と価値観です。

さて、日本人はどのような「理念」と「誇り」を持って、難民問題やその他の地球上に存在するさまざまな問題の解決に取り組んでいるのでしょうか？

(橋本直子)

08

大量の難民を
受け入れたドイツ

❖ドイツへの難民の入国と定住

ドイツでは 2015 年の 89 万人を頂点に、多くの難民を受け入れました。日本ではドイツが無制限に難民を受け入れたかのような誤解がありますが、同年 8 月にメルケル政権が下した決定は、バルカンルートでの多くの難民の滞留に対して、EU のダブリン規則[*1]を棚上げして、ドイツで難民認定の申請をする意志のある難民を受け入れたということです。一時的な措置は、すでに 16 年に中止され、今もドイツが無制限に難民を受け入れているわけではありません。入国した難民の中には、北欧諸国や家族・親族のいる別の国へ移動した人も多くいます。

難民として認定された人、補完的保護[*2]により滞在資格を受けた人、病気や送還に必要な書類がないなどの理由で滞在を認められた人をあわせると、認定申請した人たちの約半分ぐらいに達し、この 70 万人以上の難民がドイツに定住していくと推測できます（42 ページ表参照）。

❖難民受け入れの負担をめぐって

しかし、難民受け入れの負担は、人口比や経済力との比較で見る必要があります。人口比で見ると、ドイツの受け入れた難民の数は、ハンガリーやオーストリア、スウェーデンよりも少ないのです（EU の統計機関ユーロスタットによる）。UNHCR の報告では、GDP1 ドル当たりの受け入れ人数でも、途上国やスウェーデンにはるかに及びません。150 万人近くの難民を 4 年間で受け入れたといっても、人口規模、経済力からすれば、途上国よりも負担が必ずしも大きいとはいえないのです。

連邦制のドイツでは難民は入国後、人口規模と税収に応じて各州に配分され、州の大きな居住施設に落ち着いたら難民認定を申請し、州内の自治体に

chapter 2 　世界は難民をどのように支援している？

割り振られます。自治体は難民の受け入れを拒否することはできません。

　ドイツの自治体やNGO、ボランティアの人たちの考えでは、社会に早くなじんで、主体性を持って自立へ向けた新生活を始めるには、民族的出自や宗教で偏らないよう地理的に分散して、一般住宅に入ってもらうのがよいとされています。アパートや一般住宅に入居するのが普通ですが、受け入れ人数に対して住宅供給が限られる大都市では、体育館や学校など大型施設に長期間滞留するケースもあり、プライバシーが守られにくくフラストレーションがたまり、認定審査を待つストレス、ドイツまで逃げてくる間に受けた暴力や心の傷のために、けんかやもめごと、女性へのハラスメントも起こりやすいという問題が指摘されています。暴力の犠牲になった女性や、子どものいる女性の難民だけを集めた居住施設をNGOが設けている例もあります。

　難民の受け入れがピークに達していた2015年11月末から16年1月中旬にかけて、ドイツの世論調査機関（アレンスバッハ研究所）が349の自治体を対象に行った調査では、難民の受け入れがうまくいっていると回答した自治体が42%、全体としてコントロールできているとした自治体が51%、過重負担になっている自治体は7%にとどまりました。過重負担になっている自治体には大都市が多く、うまくいっている自治体には、日本にも共通する人口流出、少子高齢化と空き家率の高さを抱える地方の中小自治体が多いです。

❖ある小都市の取り組みの例——その工夫と努力

　私が調査したノルトライン・ヴェストファーレン州の小都市A（人口1万7000人）は、かつて電化製品の製造や国際市場でも一定のシェアを確保してきた金網製造業で栄えましたが、1970年代からの典型的な製造業衰退による人口減少と税収減による財政赤字に悩まされていました。このA市は、なんと割り当てで義務づけられた数以上の難民の受け入れを行ってきたので

A市の難民と行政の担当者

◆ドイツで難民認定申請を行った難民の数（申請件数）

2014年	17万3072人
15年	44万1899人
16年	72万2370人
17年	19万8317人
計153万5658人（再申請は除く）	

＊連邦移民難民庁の統計。
＊15年よりも16年の申請件数が多いのは、難民が居住施設に落ち着いてから申請を行うため。

す。市の財政に余裕はありませんが、割り当て以上の数の難民を受け入れる際に、ボランティアと空き家の活用を図りました。

ドイツは北欧諸国などとならんで、ボランティア活動の盛んな国です。徴兵制を2011年に廃止しましたが、徴兵に応じない若者のために、一定期間の義務制のボランティア制度がありました。徴兵制廃止後もこの制度は残り、年齢層や国籍を問わず全住民を対象にした制度に変わり、ボランティア活動の期間は、一定の生活費、住居などが支給されるので、仕事を休職してボランティア活動をすることもできます。多くの州や自治体でも難民支援のボランティアのためのセンターを設けています。

A市はもともとボランティア活動の盛んなところで、市のボランティア・センターがあり、高齢者や障がい者の支援などを行ってきました。かつて外国人労働者も多く来たA市やほかの自治体でいわれているのは、外国人労働者とその家族の定住をきちんと支援しなかった1970～90年代の失敗をくり返してはならないということでした。

この教訓からA市がボランティアを活用してとくに力を入れたのは、難民の家族ごとに「世話人」をつけることでした。世話人は、日常のあらゆる相談に乗り、地域住民との仲介をします。たとえば、難民の家族が越してくることに抵抗感を持つドイツ人住民の多いアパートに入居するときには、難民の人を連れてあいさつまわりをし、何か問題があれば自分に連絡するよう連絡先を教えます。子どもが学校に来ない、難民が実習をしている事業所に本人が無断欠勤するといった場合にも、世話人と連絡をとり、相談します。世話人は、難民の家族がうまく地域社会になじみ、子どもが学校生活についていけるか、行政のバックアップを受けながら見守ります。

一方で、難民の人びとが受け身にならないように、自分たちが住む空き家の改修作業を手伝ってもらい、英語やフランス語のできる人には、観光案内

chapter **2** 世界は難民を
どのように支援している？

＊1　どの国が難民受け入れの責任を負うかを定めたEUの法的ルール。原則として、難民が最初に認定申請をした国が難民受け入れの責任を負い、別の国に移動した場合、はじめに申請した国へ送還される。家族が別の国にいる場合は認められる、該当者数にくらべて送還者数が少ないなど、現実にはあまり機能していない。
＊2　出身国へ戻された場合に危険が及ぶ、あるいは著しい人権侵害を受けるなどのおそれがある難民に、滞在資格を交付する制度。正式な難民認定を「補完」する制度であるため、「補完的保護」と呼ばれる。

所でガイドとして働いてもらうことも計画しています。

　同市市長は、町を活性化させ消滅の危機から救うには、難民の人たちを受け入れる以外にはないこと、難民が来れば犯罪が増えるというのは根拠のない偏見であることを粘り強く説得してきました。実際、難民を受け入れてから町の犯罪件数は逆に減ったそうです。市長が強調しているのは、小さい自治体こそ住民の社会的格差が少なく、住民も難民もお互いの顔を覚えやすく行政の目が届きやすいため、「顔の見える定住」が可能だということです。

❖ドイツにおける難民の社会統合のゆくえ

　ドイツでは、外国人がドイツ語やドイツの法制度などを学べる講習制度があり、滞在資格を得た難民の人たちは受講を義務づけられています。現在は申請中の難民全員に300授業単位（1単位45分）のドイツ語講習を行っており、経済協力開発機構（OECD）の調査でも言語習得など社会統合のためのプログラムは、早く始めるほど効果が高いことがわかっています。自治体、NGO、教会、ボランティアグループも無料のドイツ語教室を開いています。

　ドイツには中世からの伝統ある職業訓練制度があり、これを利用して職業訓練を受けている難民の人たちも多くいます。早い自立を求める日本やアメリカとちがい、ドイツでは技能と語学力を身につけて、技能を必要とする安定した職につき、ドイツ社会に貢献してもらうことを考えています。

　ドイツに残る約70万人以上の難民の人たちが順調にドイツ社会への統合を果たせるかどうかは、今後数年間見守っていかなければわかりませんが、近年ドイツに来る難民の人たちには、教育レベルや技能資格が高い人、学習や仕事への意欲が高い人が増えています。難民の雇用状況も少しずつですが、以前よりは改善してきました。今後のドイツは、難民の受け入れと社会への統合の試金石になり、日本が学べるものが多くあります。　（久保山　亮）

09

憲法に難民の庇護権を
明記する検討が進む韓国

❖似通った政策を採用してきた日韓の難民保護

　韓国といえば、日本に最も近い隣国であり、さまざまな分野で比較されますが、興味深いことに、難民保護をめぐっては、日本と韓国はこれまで似通った政策を採用してきました。難民認定・保護の制度がほとんど整えられていないアジア地域において、日本と韓国はともに難民条約・難民議定書の当事国で、政府が難民認定審査を行っている数少ない国です（46ページ表参照）。

　難民保護政策は従来、日本が先行し、韓国がそれをモデルケースにしながら数年から十数年後に同様の制度を導入してきました。難民条約・難民議定書への加入後、既存の「出入国管理に関する法律」（以下、入管法）に難民関連条項を追加するかたちで難民保護の国内法制度を整備し、政府が難民認定審査、第三国定住難民の受け入れを行ってきました（47ページ表参照）。

　しかし、ここ数年、韓国は難民保護に関する法制度を大きく進展させており、日本が学ぶべき状況になりつつあります。ここでは、難民法の制定、難民支援センターの設置、第三国定住難民の受け入れについて見ていきます。

❖難民法の制定

　韓国は日本と同様、既存の入管法を改正し、難民関連の条文を入れ込むことで難民問題に対応してきました。これに対し、日韓の難民支援関係者は、外国人を全般的に「管理する・取り締まる」ための入管法の枠組みでは、難民の「保護」が十分行えないため、難民地位の認定や難民保護に特化した法律が必要であるという提言をしてきました。

　韓国では、2005年ごろから市民社会が国会議員や法務部（日本の法務省に相当）、UNHCRを巻き込み難民法制定に向けた協議や草案準備を進め、13年、入管法から独立した「難民法」が施行されました。アジア初の難民

chapter 2 　世界は難民をどのように支援している？

に特化した法律（Refugee Act）の制定であり、また民間支援関係者が起草するなど民間主導の官民連携事例として注目が集まりました。

入管法からの大きな変更点として、次の3つを挙げることができます。

第1に、難民認定手続きに関する規則が詳細に規定され、通訳が必須となり、難民が弁護士の支援を受ける権利、信頼関係がある人の同席を求める権利、同性の面接官を要請する権利などが明記されました。

第2に、難民認定専門官である「難民審査官」や、異議申立て専門審査機関である「難民委員会」が新設され、難民認定機関の専門性と独立性の強化が図られました。

第3に、申請者や認定者、人道配慮に対する処遇面が詳細に定められ、社会保障や教育を受ける権利、国外の家族の呼び寄せ許可などが明記されました。

❖ 難民支援センターの設置

法務部は2014年、仁川国際空港近くの永宗島(ヨンジョン)に、総事業費133億ウォン（約13.3億円）をかけて大規模な「出入国・外国人支援センター」（通称「難民支援センター」）を新設しました。9500坪の広大な敷地に本館（行政手続施設）、教育館（研修施設）、3棟の生活館（住居施設）、屋外施設（テニスコート、サッカーグラウンドなど）が完備されています。生活館には約80人が入居可能で、センター運営規定に基づく入居対象者は、①韓国入国90日未満、②韓国の空港における難民申請者、③乳幼児を同伴した者あるいは老弱者、障がい者などとされています。

第三国定住難民の受け入れが始まって以降、受け入れ難民の入国後オリエンテーションや定住初期研修もこのセンターで行われています。

日本との比較で興味深いことは、地域住民との共生プログラムに力を入れ、レクリエーション施設を地域住民に開放、地域学生のためのイベントの開催

◆韓国の難民申請・認定状況

年	申請者数	認定者数			人道配慮(*1)
		全体	うち、第三国定住難民	うち、家族呼び寄せ	
2010	423	47	-	10	43
2011	1,011	42	-	13	21
2012	1,143	60	-	20	31
2013	1,574	57	-	33	6
2014	2,896	94	-	20	539 (*2)
2015	5,711	105	22	43	194
2016	7,542	98 (*3)	34	34	246

＊1 難民認定を受けられなかったものの人道上の配慮を理由に在留を認められた者について、韓国では「人道的滞留者」というが、本稿では日本での用語「人道配慮」に統一させる。
＊2 2016年末までの累積人道配慮認定者の約75%はシリア出身者で占める。
＊3 2016年の難民認定者（第三国定住、家族呼び寄せを除く）の出身国別内訳は、エチオピア、エジプト、カザフスタン、イエメンなど。

（出典：NANCEN「[統計] 国内難民の現況（2016.12.31基準）」（韓国語）。韓国法務部難民課への行政情報開示請求により取得した資料をもとに作成。

など、地域住民と入居難民の交流を促進して、難民への理解を促そうという試みを行っている点です。施設開所前には地元住民による大規模な反対運動が起こりましたが、共生プログラムにより住民の理解は進んでいるそうです。また、センター内には支援団体の事務所スペースが用意され、センター退所後の定住支援にスムーズに移行できるよう官民連携が図られています。

膨大な運営費用の問題や入居難民の条件の厳しさなどが指摘されることもありますが、政府主導の難民保護の取り組み事例として、総じて好意的にとらえられています。2015年に行った私の訪問調査では、入居難民からも、施設での研修・支援内容や地域住民との交流行事、常駐職員の対応に満足しているという声が聞かれました。

日本では、第三国定住難民への6カ月間の初期研修が実施されていますが、難民の身辺保護を理由に研修施設は非公開となっており、地域住民や支援団体が関与できないしくみになっています。

❖第三国定住難民の受け入れ開始

韓国の難民法には「第三国定住希望難民の受け入れ」が明記され、難民法制定と並行して、法務部は2013年ごろから第三国定住制度の導入に向けた準備を開始しました。15年には3年間で約90人の難民を第三国から受け入れるパイロットプロジェクトを決定し、15年末にはタイの難民キャンプからミャンマー難民4家族22人が第1弾として韓国に入国しました。

入国後は6カ月間、仁川出入国管理事務所や難民支援センターで韓国語や韓国生活に関する研修を受け、その後、各地域に分かれて生活をしています。退所後も政府による住居費支援やボランティア、出入国管理事務所職員などによる生活サポートが続けられながら、地域への定住が促進されています。

日韓の支援関係者は、韓国の第三国定住難民の受け入れが日本より一歩踏

chapter **2** 世界は難民を
どのように支援している？

◆日本と韓国の難民制度導入時期

難民保護の内容	実施・開始年	
	日本	韓国
難民条約加入	1981 年	1992 年
難民保護の国内法整備 （入管法に難民条項新設）	1982 年	1993 年
政府による 難民認定制度開始	1982 年	1994 年
初の難民認定	1982 年	2001 年
第三国定住難民の 受け入れ開始	2010 年	2015 年
難民法施行	未導入	2013 年

（各種資料をもとに筆者作成）

＊「難民法」には、「北朝鮮離脱住
民の保護及び定着支援に関する
法律」に定められた脱北者への
社会適応教育、学力認定、資格
認定規定と同様の規定が取り入
れられている。

み込んだ制度になることを期待していましたが、受け入れ対象者や人数が日本の制度導入時とまったく同じだったため、失望を禁じえませんでした。

しかし、受け入れ者を「難民」として認定すること（日本は受け入れ者に難民の地位を付与していない）、難民支援センターで難民と地元住民の交流・相互理解が図られている点は、評価できます。

❖韓国の今後の可能性

韓国の今後の可能性として、2点を紹介しましょう。

第1に、日本でいわゆる「脱北者」と呼ばれている、北朝鮮から韓国に逃れた北朝鮮出身者たちの保護・支援制度を難民にも応用する可能性です＊。韓国では脱北者は「北韓（北朝鮮）離脱住民」と呼ばれ、難民とは別の機関・枠組みによって支援を受けていますが、2000年代前半から通算3万人以上の脱北者の定住を支援してきたノウハウ、制度が難民にも適用される可能性が高いと考えています。

第2に、憲法改正による亡命権（庇護権）の明記です。現在改憲特別委員会で議論されている改正案の1つとして、「亡命権」を新たに条文化する案が出ています。欧州の例にならい、難民がたどり着いた国で庇護を要請する権利（庇護権）を憲法に明記しようという動きには注目です。

しかし、韓国にも日本と同様の課題が残っています。たとえば、低い難民認定率や、諸外国では難民認定されているシリア出身者が韓国では難民認定されず人道配慮に基づく在留許可によって保護されている点、第三国定住難民の受け入れ対象・規模がいまだ小規模にとどまっている点などです。

今後も韓国と日本は、互いをベンチマークによくも悪くも同様の政策を打ち出す可能性がありますが、よきライバルとして切磋琢磨しながら、よりよい難民保護制度を確立していってほしいと願うばかりです。　（松岡佳奈子）

47

10
100万人のロヒンギャ難民が押し寄せたバングラデシュ

❖クトゥパロン難民キャンプの今

　「クトゥパロン難民キャンプには、現在、ミャンマーから逃れてきた約60万人のロヒンギャ難民がいます。ナヤパラ難民キャンプなど、ほかのキャンプに以前から住んでいる難民も含めると100万人に上ります」[1]。難民キャンプを案内してくださった地元小学校の校長の言葉に、私は耳を疑いました。私が卒業した小学校の全生徒は800人、東京ドームの最大収容人数は約5万人、私が住んでいる千葉市ですら人口は100万人ほどです。

　2018年2月、私は視察のため、クトゥパロン難民キャンプを訪れました。クトゥパロンは、バングラデシュの東側、世界でいちばん長い海岸として世界遺産にも登録されているコックスバザールという街から車で1時間、ミャンマーの国境からわずか数キロメートルのところに位置しています。

　キャンプは一見、ごく普通のバングラデシュの村のようでしたが、よく見ると、男女ともに多くの人がミャンマー独特の巻きスカート・ロンジーを身につけ、サンダルを履き、子どもたちの半数以上は裸足です。

　キャンプの中は、木や竹の枠組みに布をかけただけのシェルター（家）がくっついて建ち並び、人一人通れるかという狭い道に洗濯物が干されています。土やコンクリートでつくられた細い水路にはゴミが堆積し、水はあまり流れておらず、異臭がします。共同井戸では10代の少女がつぼに水を注いでいました。キャンプ内の目下最大の問題は下痢と伝染病だといわれています。

　丘を登ると、見渡すかぎり、同じようなシェルターが不揃いに並んでいました。紛れもなくここが、世界最大の難民キャンプだと実感しました。

❖ロヒンギャ難民とは？

　ミャンマーは、1億6200万人の人口の7割を占めるビルマ族のほかに、

| chapter **2** | 世界は難民をどのように支援している？

134の少数民族がいる多民族国家です。

　ロヒンギャは、ミャンマーの北西部、ラカイン州に住むイスラム系の少数民族で、15世紀あたりからラカイン州で仏教徒とともに住んでいたといわれていますが、1948年にミャンマーがイギリスから独立してからは、ベンガル地方（現在のバングラデシュ）やインドからやってきた「不法移民」の外国人とみなされ、さまざまな差別や迫害を受けるようになりました。ミャンマー政府はロヒンギャを、国民を構成する小数民族とは認めていません。

　ミャンマー人がロヒンギャを排除するのは、国民の大半が仏教徒であるのに対してロヒンギャがイスラム教徒であること、ミャンマー人と比較して肌の色が濃く、顔の彫りが深いという人種的な違和感、ビルマ語をうまく話せないということのほかに、「ミャンマーの土地に8世紀ごろから住んでいた土着民族だ」とロヒンギャ側が主張することへの反発があります。「ロヒンギャ」という名称が使われるようになったのは1948年のミャンマー独立以来で、ミャンマー政府や国民にとって、彼らは「移民してきたベンガル人」にすぎません。歴史的、人類学的事実よりも感情的な反発が強いのです。

　1962年に成立したビルマ民族中心の社会主義的政権は、ロヒンギャに対する圧迫を強め、78年と91〜92年にはそれぞれ20万人以上のロヒンギャがバングラデシュに難民として流入しました。一部はミャンマーに戻りましたが、多くの人たちはいまだに劣悪な環境の難民キャンプで暮らしています。

　1982年に改正された国籍法でロヒンギャは無国籍となり、2015年には選挙・被選挙権もはく奪されてしまいました。こうしてロヒンギャは「世界で最も迫害された民族」と呼ばれるようになりました。

　今回ロヒンギャ難民が大量に発生した発端は、2017年8月、この状態に不満を募らせたロヒンギャの武装集団がミャンマー警察などの施設を襲撃したことに対して、政府軍や治安部隊が「掃討作戦」をとったことです。この

丘の上から見たクトゥパロン難民キャンプ　　井戸の水を汲む少女

作戦で6700人ものロヒンギャが殺害されたといわれており[*2]、国連は一連の事態をロヒンギャ追放のための「民族浄化」作戦だと非難しています。

❖バングラデシュに逃れたロヒンギャ難民

　バングラデシュはロヒンギャと同じイスラム教で、ラカイン州と陸続きであることから、これまでも大量のロヒンギャ難民が逃れてきました。UNHCRによると、今回の事態では2017年8月から18年2月の半年で60万人超、18年3月の時点でも毎月2000～3000人が逃れてきており、以前に逃げてきた難民を入れると総数は100万人になります。

　クトゥパロン難民キャンプの一時収容センターでは、国連職員が「なぜ、どうやって逃げてきたのか？」と尋ねたところ、最初はためらっていた人びとが次第に口を開き、涙ながらに次のような話をしてくれました。

　「村を軍が包囲して家捜しをし、息子が目の前で射殺された。同じ村の6～7人の若者が殺され、24人が行方不明になっている」（女性／30代）

　「隣家の新生児がむごいやり方で殺された」（女性／30代）

　「8日間歩いてたどり着いた。逃げる途中で弱った男性は殺された。無人地帯では3日3晩飲まず食わずで、ようやくボートに乗れた」（女性／40代）

　銃で撃たれた足の傷を見せる女性もいました。

　異なる村からキャンプにたどり着いた人びとが口々に同じような話をすること、また70万人もの難民が短期間に逃げてきていることからも、ミャンマーでは今も激しい弾圧と強制追放が進行していることが窺われます。

❖バングラデシュのロヒンギャ難民支援と今後の課題

　バングラデシュのシェイク・ハシナ首相は、今回の危機に際し、人道的見地から国境を開いて難民を受け入れることを認めました。しかし、バングラ

＊ 1　国連難民高等弁務官事務所（UNHCR）が公表した 2018 年 3 月時点でのバングラデシュにいるロヒンギャ難民の数。バングラデシュには 11 の難民キャンプがあり、そのうちクトゥパロン難民キャンプに約 60 万人、ナヤパラ難民キャンプに約 5 万 2000 人、レダ難民キャンプに約 4 万 8000 人が暮らす。

＊ 2　国境なき医師団（MSF）が 2018 年 12 月に発表した、同年 9 月時点でのロヒンギャ難民犠牲者の数。犠牲者のうち 69％が銃撃によるもので、そのうち 730 人は 5 歳未満の子ども。

＊ 3　バングラデシュ：1532 米ドル、日本：38550 米ドル。国際通貨基金（IMF）のデータより。

デシュは貧しい国で、2017 年度の 1 人当たりの GDP は、日本のわずか25分の 1 しかありません＊3。貧しい国への難民の流入は、食糧や水、生活物資、トイレ、土地、燃料の供給問題に加えて治安問題なども生みます。難民の滞在が長期になればなるほど、経済的、社会的、政治的な不満が国民の間に高まることが予想されます。

　今後もロヒンギャの流入は続き、支援が必要な人びとの総数は 130 万人になるとされています。UNHCR や食糧配給をする世界食糧計画（WFP）などの国際機関が必要とする援助資金の総額は 2018 年だけで約 1000 億円ですが、3 月時点で、その 2 割程度しか集まっていません。間もなく 5000mm もの雨が降る雨季が始まり、土砂崩れや洪水などによる被害が懸念される中、難民の命を守るため、各国政府、民間からの緊急な支援が求められています。

　また、バングラデシュ政府は受け入れたロヒンギャを「一次的に避難を強いられたミャンマー人」とみなし、正式な「難民」とは認めていません。短期的な滞在が建前なので、キャンプ内での正式な学校の開設は認められておらず、UNHCR のボランティア以外には仕事もありません。難民がバングラデシュのほかの地方に移動することは禁じられており、ロヒンギャはキャンプに閉じ込められ、法的にも不安定で先の見えない生活をしています。

　バングラデシュ政府は難民の帰還を促していますが、ミャンマー政府は受け入れに消極的で、何よりもロヒンギャ難民の大半はミャンマー政府と軍をおそれて帰還を望んでいません。現状ではロヒンギャ難民問題の解決の見通しは立っていません。そんな中、UNHCR の職員は「バングラデシュはとてもよくやってくれて感謝している。日本政府には、難民と同時にバングラデシュへの支援もしてほしい」と話していました。期待を寄せられる日本が今できることは、難民とバングラデシュ政府への財政的支援、そして政治的解決への外交的イニシアティブでしょう。　　　　　　　　　（折原りつ）

column
2

日本とミャンマーの架け橋として

　私は1991年、ミャンマーから難民として亡命してきました。当時の日本政府の対応は冷たいもので、われわれミャンマー人を出稼ぎ労働者とみなすこともありました。かつて、日本政府が難民受け入れに積極的になった時期もありましたが、今はその姿勢が見えず、消極的になっていることに失望しています。

　とはいえ、過去、現在、未来という時間軸の中で、国際情勢もそうですが、政府の政策、人の人生も変わっていくものです。世界では紛争、人権侵害、難民・移民問題などが絶えず増え続けています。それを止めることができるのは「平和」です。しかし、現実には、その平和の実現がほど遠い未来のものになっていることは、読者のみなさんも知っているでしょう。私の母国ミャンマーも、国内には問題が山積みです。「平和」というのは、言うことは簡単ですが、実現するにはかなりの努力が必要です。そのためには、一人ひとりの国民が平和への意識を持たないといけないと、私は思っています。

　私は日本で学んだことを、いつか母国の平和と発展のためにいかしたいと願い、現在はミャンマーに帰還して、自営業の仕事をしながら、ビジネスを通して日本との架け橋になるための事業を行っています。

　具体的には、ミャンマー国内に暮らす日本人を含む外国人の生活をサポートすることができる、5カ国語対応の不動産賃貸情報検索サイトを開発しています。この事業のほかにも、翻訳・通訳、電線卸売の仕事を通じて、日本との関わりを持ち続けています。

　また、同胞の難民がミャンマーに帰還するための取り組みも行っています。タイ側の難民キャンプでは、いまだ15万人ほどが避難生活を強いられています。それだけではありません。カチン、シャン、ラカイン民族などの難民も、国に帰還することを心待ちにしています。しかし、彼らが帰還しても、ミャンマー国内もしくはカレン州に生活していくための仕事がないと困ってしまいます。そこで私は、帰還難民が仕事をして収入を得ることができるしくみを研究し、難民の生活支援プログラムを実施する計画を立てています。

　実現させたいのは、日本の最先端技術を導入した農業技術支援機構の設立です。帰還難民の農業技術を支援し、地域活性化につなげて発展させることができれば、きっと全国で平和を取り戻すための起爆剤となることでしょう。

（ミョウ・ミン・スウェ）

第 **3** 章

日本では難民を
どのように支援している？

11

日本の難民認定のしくみ

❖ 日本で難民認定制度が誕生した背景

1975年のベトナム戦争終結後、インドシナ3国（ベトナム、ラオス、カンボジア）で発足した新しい政治体制下で迫害を受けるおそれのある人びとや、共産主義による統治をきらった人びとが大量に国外に脱出しました（インドシナ難民）。そこで、日本は1978年からインドシナ難民の受入れを開始し、2005年までに1万1319人を受け入れました。

1975年当時、日本は難民条約に加入していませんでしたが、インドシナ難民の大量流出を契機として、日本も難民条約に加入すべきであるとの議論が急速な高まりを見せました。1981年には国会で難民条約及び難民議定書への加入が承認されるとともに、出入国管理令を改正して難民認定手続を新設し、名称を出入国管理及び難民認定法（入管法）とする法改正を行い、82年に施行しました。

❖ 日本における難民認定のしくみ

入管法は、難民を「難民の地位に関する条約（難民条約）第1条又は難民の地位に関する議定書第1条により難民条約の適用を受ける難民をいう。」と定義しています（第1章02／14～17ページ参照）。

日本では、難民認定申請があった場合、法務大臣が個々の申請案件について、難民条約上の難民に該当するか否か（難民該当性）を審査し、難民と認定するか否かを判断しています（56ページ図参照）（2017年6月1日、その権限の一部を地方入国管理局長に委任）。

日本の難民認定制度は、いわゆる1次審査と、1次審査で難民と認定されなかった者が不服を申し立てた場合の審査請求手続の2段階となっています。

1次審査では、入国管理局の職員である難民調査官が調査を行います。ま

ず、難民認定申請書に記載された申立内容を確認したうえで、申請者本人から、本国で受けたとされる迫害の状況など庇護を求める事情をインタビュー形式で聴取します。また、申請者の出身国の状況を把握するため、現地メディアやインターネット上の報道などを確認したり、外務省や国連難民高等弁務官事務所（UNHCR）などの協力を得て出身国の情報を収集したりします。そして、申請者の申立内容が信用できるか否か（信ぴょう性）を検討したうえで、難民該当性を判断した結果、難民と認定するときは「難民認定」処分を、難民と認定しないときは「難民不認定」処分を行います。

申請者は、「難民不認定」処分に不服がある場合、法務大臣に対し、審査請求を行うことができます。審査請求手続では、法律または国際情勢に関する学識経験を有する者の中から任命された難民審査参与員が、口頭意見陳述や質問などの審理手続を行い、法務大臣に意見書を提出します。法務大臣は、難民審査参与員の意見を尊重して、審査請求に対する判断（裁決）を行います。法務大臣が審査請求に理由があるとの判断（裁決）を行う場合には、「難民不認定」処分が取り消されて、「難民認定」処分が行われます。

なお、「難民不認定」処分をする場合でも、申請者が本国に帰国すれば紛争に巻き込まれるなどの不利益を被るおそれがあると認められるなど、人道的な配慮を要する場合には、法務大臣の裁量により在留を特別に許可することができます（人道上の配慮による在留特別許可）。

❖ 日本の難民認定制度を取り巻く状況

日本における難民認定申請数は、2007年まで毎年数百件でしたが、近年は、前年の約1.5倍の伸び率で増加し続け、14年に5000人、15年に7586人、16年には1万901人となり、17年には前年の約1.8倍の1万9629人に上り、過去最高を更新し続けています（57ページ表参照）。

◆難民認定申請の形態と手続

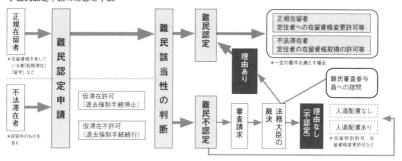

　近年の難民認定申請者は、在留資格を有する外国人（正規在留者）の割合が高くなっており、2017年には9割を超えています。このうち、観光などの目的で入国した「短期滞在」、開発途上国への技能移転を目的とした「技能実習」、「留学」といった在留資格を有する外国人からの申請が全体の約7割を占めていますが、「技能実習」や「留学」については、実習実施機関からの失踪や学校からの退学・除籍処分後に申請する者が多くなっています。

　このほか、在留資格を有しない外国人（非正規在留者）からの難民認定申請も一定数存在しています。非正規在留者については、難民認定申請中の法的地位の安定を図るため、一定の要件を満たす場合には仮滞在を許可していることや、難民認定手続中は送還が停止されるため、送還を免れることなどを目的として申請している者も相当数存在していると考えています。

❖近年増加している日本への難民認定申請とその課題

　日本では、近年、難民・避難民の流入が国際問題化している欧州とは異なり、シリア、アフガニスタン、イラクなどでの国内紛争や統治破綻によって生じた難民・避難民からの申請は少なく、他方で、大量の難民・避難民を生じさせるような事情がないと考えられるフィリピン、ベトナム、スリランカ、インドネシア等の東南・南アジア諸国出身者からの申請が急増しています。

　近年急増する難民認定申請の中には、日本で就労することなどを目的とした者からの、明らかに難民とは認められないような申立てや、同一の申立内容により申請を繰り返すケースが相当数存在しています。

　日本では、従来、正規在留者から難民認定申請があった場合、申請者の生活の安定に配慮して、申請から一定期間（6カ月）を過ぎれば、再申請の場合も含め難民認定手続が完了するまでの間、原則として就労を認める運用を行ってきました。しかし、これが誤ったかたちで日本での就労を目的とする

chapter **3** 日本では難民を
どのように支援している？

◆ 国籍別　難民認定申請数の推移

(人)

順位	2015 年		2016 年		2017 年		対前年比
1	ネパール	1,768	インドネシア	1,829	フィリピン	4,895	247% 増
2	インドネシア	969	ネパール	1,451	ベトナム	3,116	191% 増
3	トルコ	926	フィリピン	1,412	スリランカ	2,226	137% 増
4	ミャンマー	808	トルコ	1,143	インドネシア	2,038	11% 増
5	ベトナム	574	ベトナム	1,072	ネパール	1,451	－
6	スリランカ	469	スリランカ	938	トルコ	1,195	5% 増
7	フィリピン	299	ミャンマー	650	ミャンマー	962	48% 増
8	パキスタン	295	インド	470	カンボジア	772	143% 増
9	バングラデシュ	244	カンボジア	318	インド	601	28% 増
10	インド	229	パキスタン	289	パキスタン	469	62% 増

外国人に伝わり、難民認定制度を濫用・誤用する者の増加につながっていることが、申請数増加の要因の１つであると考えられます。

　難民認定制度が濫用・誤用されている事態を受けて、法務省入国管理局では、濫用・誤用的な申請の抑制に取り組んでいます。2015 年 9 月には、難民認定制度の運用を見直し、同月以降、濫用・誤用的な申請については迅速に処理するとともに、就労などを目的として申請を繰り返す再申請者に対しては、申請の内容に応じて、就労や在留を認めない措置を執ってきました。

　しかしながら、これらの措置は、主に、申請を繰り返す再申請者を対象とするものであるため、再申請の抑制には一定程度の効果を発揮しましたが、急増する申請者の大半を占める初回申請者は対象ではないため、依然として、初回申請者による濫用・誤用的な申請が急増し、真の難民の迅速な保護に支障を生じる事態となっています。

　そこで、法務省入国管理局では、2018 年 1 月 15 日以降、難民条約上の難民である可能性が高いと思われる申請者など真に庇護を必要とする者の更なる迅速な保護を図るとともに、初回申請者でも、難民条約上の迫害事由に明らかに該当しない事情を申し立てる申請者については、在留を認めない措置を執り、また、失踪した技能実習生など本来の活動を行わなくなった後に申請した者などに対しては、就労を認めない措置を執り、これまでよりも厳格な対応を行うこととしました。

　法務省入国管理局としては、難民条約の締約国として、難民として庇護を必要とする外国人を迅速かつ確実に認定し、適切に保護することがきわめて重要であると認識しています。現在大きな問題となっている濫用・誤用的な申請を抑制していくなどして、引き続き、真に庇護を必要とする者を迅速かつ確実に保護するための不断の努力を行っていくこととしています。

（法務省入国管理局総務課難民認定室）

12

難民認定申請者は増えるが
難民認定者は少ない理由

❖日本は難民鎖国？

　日本が難民条約に加入した1982年から2016年末まで、難民認定制度を通じて受け入れた難民は、わずか688人です。17年には1万9629人の難民認定申請に対し、認められたのは20人だけです（60ページ図参照）。認定率が30〜40％、認定数も数万人に上る欧米諸国は別としても、13年に難民法を制定した韓国でも、94年から2015年までに588人を難民認定しており、そのうち105人は15年の認定です。17年までの7年間、日本に難民申請をしたシリア難民81人のうち、12人しか難民と認めていないこともあり（残りは人道的在留許可）、日本は難民の庇護という国際的な責任を十分に負担していない、「難民鎖国」をしているという批判が長く続いています。

　なぜ、日本の難民認定は、これほどまでに少ないのでしょうか？

　第1の理由は、大半の難民は日本に来ないということです。日本は多くの難民が発生する中近東やアフリカの紛争国家から遠く離れており、来日手段は航空機以外にはなく、航空券代は高額で、ビザの取得も困難です。難民は国を選ぶ際に、歴史的つながり、同じ国の人のコミュニティの有無などを考慮しますが、地理的な遠さは決定的で、多くは隣国に逃れます。

　第2の理由には、難民に対する日本社会の否定的な意識があります。朝日新聞が2015年に行った読者アンケートでは、難民や移民の受け入れに賛成する者は24％にとどまり、反対する者が65％に上りました。治安と安全・安心がきわめて重視される日本では、「難民が来れば治安が悪化する」といった誤解に基づく不安感が市民の間にあり、欧州における移民・難民をめぐる混乱が、そのような不安感に輪をかけています。

　第3の理由は、選挙に敏感な政治家たちが、こうした社会の「空気を読んで」、難民について沈黙を守っていることです。2011年、日本の衆参両院は、

chapter **3** 日本では難民をどのように支援している？

難民条約加入30周年を記念して「難民保護に関する決議」を世界ではじめて採択しましたが、国会議員の間で「あまりにも少ない難民受け入れをもっと増やそう」といった動きはないのが現状です。

　第4の理由は、難民として受け入れられても、その後の生活が容易ではないことです。まず、日本語のむずかしさがあります。日本語は習得に時間がかかり、日本語が不十分だとよい仕事も見つかりません。実際、日本に来た難民の多くは不安定で低賃金の職場で働き、経済的に下層に属しており、将来についての不安を抱えています。永住資格や国籍取得もむずかしく、このようなことが口コミで広がり、日本は難民に人気がありません。

　第5の理由は、日本で庇護申請をしても、法務省によって難民と認定される可能性がごく低いことです。近年の難民認定率は0.2％前後にすぎません。51年の難民条約は「迫害のおそれ」を難民の定義の核にしていますが、何が「迫害のおそれ」なのかを判断する基準は条約加盟国に委ねられています。日本の法務省や裁判所の「迫害のおそれ」に対する解釈は欧米とくらべて厳格で、その判断基準もとても厳しいものです。同じ国からの難民申請者であっても、日本での認定率は、欧米での認定率より低くなっています。

　以上の理由をまとめると、法務省の難民認定が少ないのは、難民をたすけるべき人というよりもやっかいな存在とみなす政治的環境の制約を受けており、また島国という地理的条件の中で育まれてきた、難民に閉鎖的な社会的意識が反映されたものといえるでしょう（61ページ図参照）。日本の「難民鎖国」には重層的で構造的な障壁があり、これを崩すのは容易ではありません。

❖日本で庇護申請者の数が急増する理由

　それでは、なぜ日本の難民申請者数は急増しているのでしょうか。
　主な理由は、東南アジア諸国から難民認定制度を利用して日本に入国し、

◆日本の難民認定状況

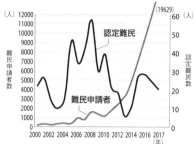

（法務省データより筆者作成）

働く機会を見つけようとする人が増えているからです。法務省は2010年、何らかのビザを持っている人が日本で難民申請をした場合、原則として6カ月後からは働いてもよいとしました。それをきっかけに、東南アジア諸国からの難民申請が急増し、今では申請者の約85％を占めています。

この背景には、日本と東南アジア諸国間の人口動向のちがいと所得格差という構造的な原因があります。少子高齢化で労働力不足が深刻な日本では、女性や高齢者の活用では足らず、コンビニなどは外国人に頼らなければやっていけない状態です。他方で、人口増と経済発展が続く東南アジア諸国でも、いまだ日本との所得格差は大きく、若者の失業率も高いため、収入が何倍にもなる日本で働きたいという人はたくさんいます。そこに「観光ビザで日本に行って難民申請すれば半年後から働ける」という噂が広がり、しかも、日本の「観光立国政策」でインドネシア人やフィリピン人などに対するビザ発給が緩和され、これらの国からの難民申請者がとくに増えました。

日本政府は「単純労働者を受け入れない」とする政策を長年続けていますが、現実には単純労働者が必要です。その中で、難民認定制度が単純労働者受け入れのチャンネルになっているのです。難民認定申請数の急増は審査の長期化をもたらし、審査中は働けるため、さらに申請数が増える。申請数が増えると認定率は下がり、ますます真の難民は日本に来なくなる……。この悪循環によって、日本の難民認定制度は機能不全に陥っているといえます。

❖日本が難民問題に貢献する方法

難民問題について日本ができることは、まず政府が難民の受け入れを増やすという積極姿勢を明らかにし、批判の多い認定制度や定住支援体制の改革などを実行すべきでしょう。人口が日本の半分の韓国では年間100人前後が難民認定されており、1つの目安になります。

◆難民認定への重層的制約

　また、難民認定制度を通さない「第三国定住」制度を拡充する手があります。日本の「第三国定住」制度は2010年、タイの難民キャンプに暮らすミャンマー難民に対して始まり、17年までに39家族／152人を受け入れましたが、年間30人の定住枠が埋まったことはなく、その間にミャンマーへの自発的帰国が始まり、同事業の必要性は減ってきています。この制度を活性化して、再定住のニーズの高いシリア難民に適用する方法があります。

　さらに、難民認定制度を経ないで難民を「留学生」として受け入れる方法もあります。政府は2017年からの5年間で、シリア人の若者150人を留学生として受け入れることを決めました。民間では、17年4月から難民支援協会（JAR）が、日本語学校へのシリア難民受け入れを開始しています。留学生というかたちであれば社会的にも受け入れられやすく、卒業後に日本で就職すれば「外国人材」に、平和が戻った祖国に帰国すれば「平和構築人材」になりうるため、日本に合った支援のかたちだといえるでしょう。

　そして、難民問題に対する日本の最大の貢献は、資金協力です。日本政府は、毎年200億円前後をUNHCRに拠出しているほか、難民受け入れ国に対して、2016年から18年の3年間で総額約60億ドル（約6900億円）の支援をすることも約束しています。人道支援のための資金協力には国民の反対も少なく、日本の伝統的な強みだといえます。

　日本の難民政策の重点は、今後も資金協力を続けることにあるべきでしょう。同時に、より積極的な難民の受け入れは、仮にそれが数百人単位であっても、日本の国際的イメージを改善し、また市民が国際問題に対する関心を高める機会となります。その意味で、難民の受け入れは日本にとっても利益となる政策です。そして、それは日本の外交方針である「人間の安全保障」と「積極的平和主義」にもかなっているといえましょう。　（滝澤三郎）

13

第三国定住による
ミャンマー難民の
受け入れとは？

❖第三国定住制度とは？

「子どもの将来のために来ました」「毎日拘束される危険の中で生活するよりも日本で頑張りたい」。第三国定住難民の方々が口にした来日理由です。

第三国定住とは、祖国から逃れて難民キャンプや第一次庇護（滞在）国などにいる難民を、受け入れに合意した第三国が受け入れる制度（64ページ図参照）で、「第一次庇護国への定住」「本国帰還」と並び、難民問題の恒久的解決策の1つとして位置づけられています。日本は2010年にアジア諸国としてはじめて第三国定住による難民の受け入れを開始しました。はじめの5年間はパイロット事業としてタイの難民キャンプにいるミャンマー難民を対象としていましたが、15年からはマレーシアに一時滞在しているミャンマー難民を対象に継続的な事業として実施されています。17年9月末までに受け入れられたミャンマー難民は、39家族／152名となっています。

日本では、第三国定住で受け入れる難民を、次のように定義しています。

・国連難民高等弁務官事務所（UNHCR）が国際的な保護の必要な者と認め、わが国に対してその保護を推薦する者。

・日本社会への適応能力がある者であって、生活を営むに足りる職に就くことが見込まれる者及びその配偶者又は子。

また、難民事業に関係する省庁から構成される「難民対策連絡調整会議」の決定では、受け入れる難民について、年に1回のペースで、1回につき約30人（家族単位）の範囲内とされています。

❖第三国定住難民への定住支援プログラム

第三国定住難民への定住支援は、政府から委託を受けた公益財団法人アジア福祉教育財団難民事業本部（RHQ）が実施しており、定住支援プログラ

chapter 3　日本では難民を
どのように支援している？

ム（研修）とアフターケアの2つから構成されています。

　まず来日した難民は、定住支援施設（RHQ支援センター）で行われる、日本語教育や就労支援、日本の社会生活について学ぶ「社会生活適応指導（生活ガイダンス）」からなる、半年間の定住支援プログラムを受講します。

　日本語教育は、難民への日本語教育の経験が豊富な教師が担当し、大人と子どもに授業を分けて、さらに大人についてはレベル別、子どもについては年齢層別にクラス分けしたうえで授業を行っています。

　就労支援は、専門の職業相談員が担当し、難民の来日前から就職先の調査を行いつつ、来日後に難民への意識調査を行ったうえで、就労先のマッチングを行います。難民の就職候補先を確保するのは困難で、時に100社から200社にあたる必要があります。しかし、第三国定住事業も8年目を迎え、「ミャンマー難民は日本人よりも勤勉に働く」などの評価を得られるようになり、もっと難民を雇用したいという事業所も出始めています。

　社会生活適応指導（生活ガイダンス）では、ゴミの分別や公共交通機関の利用方法といった日常生活に関わるガイダンスや保健師などの専門家による講義のほか、地元の自治会などの協力を得て、地域のイベントへの参加や地元住民との交流の機会を持ち、日本社会に円滑に溶け込んでいけるよう工夫しています。子ども向けのプログラムには、地域の小学校や教育委員会の協力のもと、約3週間の「学校体験」も設けています。実際に小学校に通い、日本の児童と一緒に日本語で授業を受ける経験は、子どもたちにとって大きな自信となり、定住先の学校生活へのスムーズな移行にもつながっています。

　そのほか、研修後に家族で暮らす住居を見つける支援も行っています。就労先、学校、病院へのアクセスはもちろん、待機児童のいない保育園があるか、家賃や初期費用は収入に見合っているか、保証人などは不要か、地域で通訳が見つかるか、などといった点がポイントになります。

◆第三国定住のイメージ

（出典：公益財団法人アジア福祉教育財団
難民事業本部）

❖第三国定住難民へのアフターケア

　定住支援プログラム修了後は、アフターケアによる支援が継続されます。
　日本語学習については、日本語教育相談員による相談対応や通信教材を含む日本語教材の提供、定住先での日本語教育の実施などがあります。定住先の自治体や国際交流協会、あるいは日本語ボランティアなどの協力を得ながら、難民が通いやすい日時・場所に配慮した日本語学習教室をアレンジするなど、継続的・自律的な日本語学習の支援を行っています。
　生活面では、生活相談員による相談対応、また2012年度からは難民が定住先で円滑に支援を受けられるよう地域定住支援員が配置され、生活支援や地域関係者とのネットワークの構築を行っています。たとえば、子どもが通う学校から日々の「お便り」が読めないという相談が寄せられます。また、学校や病院などからも種々の相談や依頼が寄せられますが、生活相談員と地域定住支援員、そして通訳らが連携しながら対応しています。
　就労面では、職業相談員による職場への定着指導や職業相談対応が行われます。職場でのコミュニケーションや雇用条件の確認などにおいて、職業相談員と通訳が協力しながら対応しています。
　また子どもの教科学習の面では、生活相談員や地域定住支援員の支援に加え、地域の学習支援教室、大学のサークルやボランティアなどの協力を得ながら、学習支援を行っています。これまで全日制と定時制をあわせて8名が高校に進学し、さらには大学進学予定者もいます（2017年10月時点）。
　これらの自立した定住を支える支援に加えて、難民が地域社会にいかに溶け込んでいくかという点も重要です。たとえば、地域のNPOが主催する交流イベントでミャンマーの文化や料理を紹介したり、あるいは地元の夏祭りでミャンマー舞踊を披露したり、一緒に盆踊りを踊ったりするなどして、地

chapter **3** 日本では難民をどのように支援している？

日本語の授業の様子
(写真提供：公益財団法人アジア福祉教育財団
難民事業本部)

域住民と交流を深めています。こうした交流や先の日本語ボランティア・大学生との交流を通じて、自らが地域や日本社会に受け入れられていると感じられるようになり、そうした経験の積み重ねが、難民が日本を自分たちの「ホーム」であると感じることにつながっていきます。

❖難民の定住支援に求められること

最後に、難民の定住支援に求められていることを2つ、お話しします。

1つ目は、「支援と自立のバランス」です。支援のし過ぎは自立を阻害しかねませんが、適切な支援の機会を逸することが逆に「自立の芽」を摘む場合もあるため、バランスを取りながら対応することが求められます。

2つ目は、「難民性への配慮」です。迫害を受けるおそれを抱えているという事情があるため、難民の方々のプライバシーには十分に配慮する必要があります。難民の実像を伝えることがサポーターを増やす最善の方法だとは思いますが、写真や名前、居住地といった情報がオープンになることで、日本にいる本人たちのほか、本国などにいる家族や親族に不利益が生じる可能性があります。また、難民としてではなく、一市民として落ち着いた生活を送ることを希望する方々も多くいます。こうした点に留意することが、難民への定住支援を行うにあたっては重要になります。

私たち一人ひとりにできることもあります。日本語のボランティアや学習支援に関わる、同僚や同級生に難民の人がいたら困っていることはないか声をかける、そして何よりも、難民や難民問題に対する理解を深めることが大きな支えになります。難民の方々は先の見えない不安定な生活から、自分の意思で自分の将来を切り開きながら、安心した暮らしを送ることを希望して日本に来ます。そうした中で私たちに求められるものは、長い目で見守りながら難民に寄り添っていくことではないでしょうか。　　　　　(伊藤寛了)

14

難民の大学進学を 支援するプログラム

❖高等教育へのハードル

難民の子どもたちのうち、初等教育を受けることができるのは2分の1、中等教育を受けることができるのは4分の1、大学を始めとする高等教育を受けることができるのは、わずか1％といわれています。

逃れるのが隣国であれ、祖国から遠く離れた国であれ、難民の人びとにとって、逃れた先の社会に溶け込むことは決して容易ではありません。文化や習慣がまったく異なる環境の中で一から生活を立て直さねばならず、言葉の壁もあります。祖国での経験や資格、学位を役立てることができず、進学や就職が思うようにいかないことも少なくありません。子どもには教育を受けさせたいと願っても、経済的、そして社会的な事情などからそれが叶わないことも多いのが現状です。

日本には、現在、約1万5000人が難民または難民に類する地位を得て在住していますが、彼らとその子どもたちも、多くの困難に直面しているという点で、決して例外ではありません。

❖UNHCR 難民高等教育プログラムとは何か

UNHCR 駐日事務所は、日本政府や NGO などと協力しながら、日本に在住する難民の人びとが安心して暮らせるようサポートする役目を担っていますが、日本各地の難民のコミュニティを訪問し、難民の人びとと対話を行う過程で、大学に進学したいけれど、さまざまな事情でそれが叶わないという声を多く聞くようになりました。

そこで、日本に在住する難民の人びとが、高等教育を受けることで社会的にも経済的にも自立自己実現ができるよう、そして将来の可能性や選択肢を広げられるよう、2007年に関西学院大学と協力して、日本に在住する難

民の人びとの大学進学のための奨学金制度、UNHCR難民高等教育プログラム（RHEP：Refugee Higher Education Program）を開始しました。

その後は青山学院大学、明治大学、津田塾大学、創価大学、上智大学などの大学ともパートナー協定を結び、10年間で約40名の大学進学をサポートしました。2016年からはUNHCRの日本公式支援窓口である国連UNHCR協会もプログラムの運営に携わっています。17年には明治学院大学、聖心女子大学が、18年には関西大学、広島市立大学、早稲田大学が参加し、19年4月からは11校で最大15名が学ぶことができるようになる予定です。

プログラムは、UNHCR駐日事務所、国連UNHCR協会、パートナー大学の三者の協力のもと、実施されています。選考は1年に一度行われ、まず、UNHCR駐日事務所と国連UNHCR協会によるプログラムの事務局と選考委員会で、応募者からの応募書類の審査、筆記試験・面接試験を経て、パートナー大学に推薦する学生を決定します（69ページ図参照）。選考に当たっては、応募者の背景や学力、将来の可能性などを多角的に評価できるよう、大学や語学学校の教員、NGO関係者などからなる選考委員会からのアドバイスを受けています。

パートナー大学は、プログラムから推薦された学生を書類審査および面接試験（場合によっては筆記試験もあり）により選考し、最終的な合否を決定します。このプログラムで進学する学生は、大学から入学金や授業料、諸費用の免除に加え、生活補助金として奨学金を受け取ることができます。

プログラムには年齢制限がないため、応募者は高校生だけではなく、高校卒業後に一度は就職したけれど、やはり大学で学びたいという人、祖国では大学生だったものの、途中で中断して日本に逃れてきたため、学び直したいという人などさまざまです。学生の専攻も、文学、経済、法律、経営、国際関係から理系科目までと幅広いです。

入学後も、日本での学校生活に慣れない学生に対して、大学側がチューター制度・メンター制度などを設ける、適宜個別でカウンセラーに相談ができる体制を整えるなどして、大学での学びや生活をサポートしています。

　また、プログラムでも年に3〜4回、関西と関東で、プログラムで学ぶ学生同士が集まる機会を設け、学生生活の悩みや勉強方法、就職活動に関してなど、スクールカウンセラーを交えて話し合いができる場を提供しています。

❖UNHCR 難民高等教育プログラムで学ぶ学生たち

　このプログラムで学ぶ学生は、背景も出身国もさまざまです。難民として日本に逃れた両親の下、日本で生まれ育ったという学生もいれば、最近日本に逃れてきて、一から日本語を学んだという学生もいます。

　日本で生まれ育った学生たちは、日本の学校に通い、祖国に足を踏み入れたことがない人がほとんどです。幼いころから両親の苦労を目の当たりにし、自分も日本に在住する難民や外国人の役に立ちたいと、日本語の通訳ボランティアをしている学生もいます。

　一方で、難民という自身の背景をなかなか受け入れられない学生もいます。それには、『難民』という漢字が表すように、日本における難民の印象も影響しているかもしれません。

　また、自身が難民であることを積極的に周りに公表する学生もいれば、留学生と思われたいので、難民であることを黙っている学生も少なくありません。難民であると話すことで、友人の態度が変わってしまうのではないか、いじめに遭うのではないかと心配する学生もいます。多くの学生が、友人たちに囲まれ、充実した大学生活を送っていますが、一人ひとりが胸に抱える葛藤や悩みには根深いものがあります。

　ただ、多くの学生に共通していえるのは、大学での学びを活かし、いつか

◆RHEP プログラムの選考プロセス

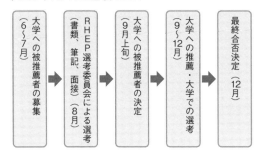

日本と祖国の架け橋となりたいと望んでいることです。自分は幸いにも日本に逃れることができ、安心して生活が送れているけれど、今も祖国に残り、日々恐怖の中で生活している家族や友人のことを思うと、一生懸命頑張って、祖国の平和のために尽力したいと、力を込めて語る学生もいます。

❖UNHCR 難民高等教育プログラムがもたらすもの

　プログラムで学んだ学生には、日本の大学に通い教員や友人たちと過ごすことで、自身の背景や家族との関係を見つめ直し、前向きに進んでいこうとする学生が多くいます。偏見をおそれてなかなか周りに難民であることを言い出せなかった学生が、日本でももっと難民の存在を知ってほしいと勇気を出して行動し、それが周りの日本人学生を動かすこともあります。大学での学びは勉強にかぎらず、学生一人ひとりの自信と成長につながっています。

　また、自身と同じ難民の背景を持つ子どもたちに日本語や勉強を教えたり、後輩の進学相談に乗ったりしている学生もいます。大学で学び、夢を叶えていく姿は、後輩たちのロールモデルとなり、難民の人びとのコミュニティにも大きな勇気と希望を与えています。

　そして何より、机を並べて学ぶ同じ大学の日本人学生や、私たち日本人に与える影響があります。一人の学生は「自分の国も、かつては日本のように平和で美しい国で、まさか紛争が起こるなんて思わなかった。だから、日本のみなさんも難民を特別な存在だと思うのではなく、『もし自分がそうなったら……』という気持ちで、難民問題を考えてほしい」と言います。

　日本人である私たちが、難民問題を教科書で学ぶこと、ニュースで観る遠い国で起こっていることとしてとらえるのではなく、自分の身近な友人のこと、そして自分のこととしてとらえ直すこと。そのことこそ、プログラムのいちばん大きな意義かもしれません。

（泉田恭子）

15

海外の難民に対する
日本の支援

❖ 国際社会における難民問題の質的変化

　近年、世界の難民問題は長期化、深刻化の度を深めています。中東やアフリカ地域における紛争がその主な要因ですが、テロ組織などの台頭によって、その根本的解決が容易ではなくなっていることが密接に関係しています。

　また、難民問題は、社会、経済、環境、政治、安全保障、人権などの諸問題と相互に影響を及ぼし合うため、その問題解決が複雑化しています。たとえば、2017年に中東やアフリカで同時多発的に起きた大飢饉は、紛争の影響だけでなく、感染症や気候変動、農業や流通、市場政策、ガバナンスなど、政府の開発政策が失敗したことによる複合的な災害であるといわれており、根本的解決のためには包括的な対処が求められます。

　こうした状況は、大規模な難民の発生と人の移動をもたらし、国境を越えて社会的・政治的な不安定をもたらしています。もはや、難民問題は局所的問題にとどまらず、世界全体の平和・安定・繁栄に直接的な悪影響を及ぼしうるグローバルな課題へと変化しています。こうした中で、国際社会による難民への支援の必要性がますます高まっています。

❖ 海外の難民に対する日本の支援

　日本は、難民支援に取り組む国連機関を始めとした人道支援機関に対し、主要国として資金的な支援を行ってきています。

　まず、国連機関の中で難民支援において中心的役割を果たす UNHCR に対しては、2016年に1億6473万ドル（197億6760万円）の拠出を行いました。これは世界全体の拠出の4.3％に相当し、アメリカ、欧州連合（EU）、ドイツ、イギリスに次いで第5位です。

　UNHCR は、難民問題の恒久的解決を目的として活動しており、その解決

chapter 3　日本では難民をどのように支援している？

　策の3本柱である「自発的帰還」「現地定住」「第三国定住」（第1章04／22〜25ページ参照）の実現に向けて、難民への緊急的支援、難民キャンプの運営など受け入れ国での生活支援、そして難民が帰還する場合の帰還支援や受け入れ国での現地定住支援、第三国定住のための支援などを行っています。

　また、国連にはもう1つ、パレスチナ難民に特化した人道支援活動を行う、国連パレスチナ難民救済事業機関（UNRWA）があります。UNRWAに対しては、日本は2016年に4450万ドル（53億4000万円）の拠出を行っており、これは世界全体の拠出の3.7％で、第7位に相当します。

　このほか、国連世界食糧計画（WFP）、国連児童基金（UNICEF）、国際移住機関（IOM）もそれぞれ食料支援、子どもへの支援、移住支援の分野において、難民のための支援を展開しています。また、国連機関ではありませんが、赤十字国際委員会（ICRC）、国際赤十字・赤新月社連盟（IFRC）も、それぞれ紛争下の文民の保護、災害時の救援活動を目的に活動を行っており、難民へも支援の手を差し伸べています。日本はこれらの機関に対しても資金的拠出を行い、その活動を支えています。

　一方、こうした人道支援機関への資金協力を行うのは、政府だけに限りません。たとえば、UNHCRには日本における公式支援窓口として国連UNHCR協会があり、民間からの寄付募集や広報活動を行っています。同協会は、民間からの寄付募集において地道な努力を積み重ねた結果、近年、寄付金額が急増しています。2016年現在、同協会からUNHCRへの寄付金は、2016年の日本政府からの拠出金のじつに17％にも相当する額となっています。

　これは、政府の財政状況が厳しく、政府開発援助（ODA）の増額が決して容易ではない状況下で非常に大きな意義があります。また、このことは日本の人びとの中で、難民問題に対する共感的理解が深まりつつあることも示唆しています。こうした個人や企業からの寄付も、人道支援活動を行う機関

難民とホストコミュニティ農家に田植えを指導する国際協力機構（JICA）専門家 ©外務省

の重要な資金源となっています。

❖難民問題の究極的解決に向けた新たなアプローチ

日本による難民問題への貢献は、資金的協力だけに限りません。

日本は、難民支援を行う際に「人道と開発の連携」という考え方を提唱しており、これを国際機関などが行う人道支援活動に反映させようと努めています。「人道と開発の連携」は、現下の長期化、深刻化する未曾有の人道危機に立ち向かうため、緊急フェーズの人道支援に加え、開発協力を人道危機の初期の段階から相互に連携させて実施するという考え方です。

日本は、人道支援については先述の人道支援機関を通じた資金的協力が中心ですが、開発協力においては無償資金協力や技術協力などの二国間協力を通じた長年の経験、知見の蓄積があり、大きな貢献を果たすことができる余地があります。

具体的には「人道と開発の連携」の考え方のもと、開発協力の分野で難民の自立支援を重視します。これは、難民の帰還や現地定住に貢献し、また人道支援コストの中長期的な軽減につなげることも意図しています。

また、難民と受け入れコミュニティの双方が必要とする水供給、保健医療施設、道路、橋梁など基礎インフラの整備も重視します。これにより、難民の避難生活が長期化する中で、難民と受け入れコミュニティの平和的共存にもつながります。開発協力の分野での支援を緊急フェーズの人道支援とあわせて行うことは、難民発生の根本原因への対処にもつながるため、きわめて重要です。

2016年9月、日本は難民および移民に関する国連サミットにおいて、「人道と開発の連携」の理念に基づき、難民などへの人道支援、自立支援および受け入れ国・コミュニティ支援として、2016年から3年間で総額28億ドル

受け入れコミュニティ及び元難民双方への職業訓練（ザンビア）©UNHCR

規模の支援を実施することを表明しました。

しかし、「人道と開発の連携」の理念は、人道危機が発生した後の対処に焦点を当てたものにすぎないという点で、まだ完全なものとはいえません。同様に重要なのは、難民問題が解決した後に紛争の再発を防ぐこと、また紛争が発生していない地域において紛争を未然に防ぐことです。

それを考えれば、「人道と開発の連携」の理念に対し、平和構築と紛争予防の要素を追加した「人道と開発と平和の連携」という理念こそが、「平和の持続（sustaining peace）」を達成するうえで、国際社会がめざすべき究極的な処方箋だといえるでしょう。

これは、難民問題などの人道危機に対し、人道支援と開発協力を組み合わせて適切に対処していくとともに、難民が母国に帰還した際の平和構築支援や紛争予防につながる社会安定化支援を継ぎ目なく展開していくという考え方です。また、中長期的な視点を持ちながら、難民の発生につながりにくい土壌をつくる平時からの国づくりや社会安定化といった、根本原因への対処も行っていくというものです。

国連においても、グテーレス事務総長が「平和の持続」の重要性を提唱し、紛争の発生や再発の予防に重点を置き、その根本原因に対処するため、人道や開発、平和を担当する各国連機関の連携を強化する取り組みを含む包括的なアプローチを進めています。上記の「人道と開発と平和の連携」という理念は、このような国連の取り組みの方向性とも整合的といえます。

日本はこうした考え方のもと、難民問題の究極的解決に向けて、国際社会において他国と連携しながら、主導的役割を果たしていくことが期待されています。

（長徳英晶）

16

弁護士として
難民申請者の支援をする

❖難民認定申請手続におけるさまざまな障壁

　2017年、日本では1万9629名の難民申請がありましたが、同年に難民認定を受けた人はわずか20名で難民認定率は0.2％前後。この事実は、ほかのG7諸国の数字と比較しても、格段に異様です (76ページ表参照) [1]。

　本項では、弁護士が関わる難民認定申請者支援活動の一部を紹介します。

　難民申請をする際は、原則として12ページもの申請書を本人が直筆で書くことが求められます。多数の項目があり、帰国した場合に待つ迫害（迫害を受ける理由）を、法的類型に従って整理することを求める項目まであります。早めに弁護士とつながることができれば、弁護士が本人の勘違いや記憶違いを一緒に正しながら、申請理由を入管に正確に伝える支援を行うことができます。弁護士が申請者と出会うきっかけは、NPOの紹介や弁護士会の主催する相談会などさまざまで、申請者が知り合いの弁護士を紹介することもありますが、実際につながることのできる申請者は多くありません。

　申請後の1次審査では難民調査官による聴取が行われるため、証拠提出や聴取の準備を進めていきます。証拠には、申請者の難民該当性を示す書類（入手困難な場合も少なくありません）、出身国情報などがありますが、多くは外国語の文書です。日本の入管も裁判所も日本語以外での証拠提出を認めておらず、翻訳者の手配や翻訳費用も、証拠提出を阻む高い壁になります。

　また、日本では、1次審査の聴取手続において、弁護士による立ち合いが原則認められていません。関東弁護士会連合会 (以下、関弁連) の弁護士らが申請者に対して行った調査[2]では、入管職員に書類を投げつけられた、罵倒された、説明を一方的に打ち切られた、通訳のスキルや態度に問題があったなどの回答が認められました。関弁連は法務省入管に事実確認と事後検証を可能とする可視化（録画）を求めましたが、実現されていません。

　1次審査で不認定処分を通知された場合、申請者は、7日以内に審査請求（以前の「異議申立て」）を行うことができますが、この段階で、難民審査参与員に対する口頭意見陳述と参与員から質問（審尋）を受ける機会が与えられるまで、現在2～3年待ちということが少なくありません。

　2次審査の口頭意見陳述・質問（審尋）では、弁護士の立会いが認められています。しかし、一部の不謹慎な参与員の態度が深刻に問題視されています。たとえば、床を踏み鳴らして大きな音を立て続けるなどして、当事者や通訳者が話に集中することを妨げるケースもあります。申請者に対する参与員のセクハラ暴言、侮蔑的言辞が飛ぶこともあります。

　先日、本国での悲惨なレイプ被害を訴える女性申請者に対して、参与員が「なぜ（加害者は）あなたを狙ったの？」「美人だったから？」と質問した事実も報道されましたが、これは決して例外事例ではありません。参与員から「あなたは難民にしては元気過ぎる」と言われた申請者のケースを始め、問題事例が多数報告されています。

　参与員の中には、国際難民法に造詣が深く、拷問や暴行の被害者に対しての聴取の方法を学び、礼節を知る人もいますが、当事者が担当参与員を選ぶことができない以上、参与員の最低限の質の確保を求めることも、人権保護と適正手続を求める弁護士にとって喫緊の課題です。2017年、2次審査で難民該当性が認められなかったケースは3084件、認められたケースは1件です。

　現行制度を抜本的に見直し、より適正な難民認定制度を創設するために力を尽くすことも、弁護士の重要な使命です。

❖ 収容と仮放免許可申請

　本国で迫害され、身の安全を守るために観光ビザを入手して（観光目的ではなく）来日し、成田空港で難民申請をしても、ほとんどのケースで身体拘

◆ G7 諸国の難民認定状況（2016 年）

	難民認定に関する取下げを除いた決定総数（件）	難民認定数（件）	難民認定率
ドイツ	639,394	263,622	41.2%
フランス	121,314	24,007	19.8%
アメリカ合衆国	33,096	20,437	61.8%
イギリス	40,665	13,554	33.3%
カナダ	15,196	10,226	67.3%
イタリア	89,873	4,798	5.3%
日本	9,729	28	0.3%

（出典：UNHCR "GLOBAL TRENDS：FORCED DISPLACEMENT IN 2016"）

束されます。独裁政権に対して抵抗運動をしていた人物が当局から正規旅券を得られない、すぐに出国しないと命が危ない人物が正規旅券やビザを得る時間がなかった場合も、「不法入国」で収容されることが少なくありません。

　来日後、速やかに難民申請する者には、一時庇護上陸許可や仮滞在許可など収容せずに手続を進める制度もありますが、ほとんど活用されていません。仮に「仮滞在」の地位が与えられても、就労許可なしに何年も暮らすことを強いられるなど、大きな苦難と極度の「生きづらさ」に直面します。

　収容された申請者は、少なからぬヨーロッパ諸国で被収容者たちに許可されているインターネットや携帯電話の使用すら許されません。外部との連絡が極度に制限された不自由な環境で、祖国から証拠資料を送ってもらう算段をつけたり、翻訳者を見つけたりすることは、想像を絶する難事業です。施設内で体調を崩す者も多く、医師の診療を何週間も待たされるという悲痛な訴えが相次いでいます。病で衰弱していく申請者は後を絶たず、死亡する者も続いています。被収容者の自殺事件・自傷事件も頻繁に発生しています。

　弁護士らが、収容施設からの身体解放を求め、仮放免許可申請を行いますが、申請書を提出してから結論が出るまでに約 2 ～ 3 カ月待たされる例が多いのです。仮放免許可を得たくても居住先が定まらない申請者もいます。日本では NPO などが少数のシェルターを持っているほかに、収容された申請者が利用できる住居はほとんどありません。イギリスは国費で住居を用意し、カナダも自治体や市民社会などが協力して住居を提供しています。

　来日直後に空港で身体拘束された申請者は、収容されたまま自力で居住場所を確保し、保証人となってくれる人を探し、時に数十万円にも上る保証金の算段をつけることを求められます。知人もなく、言葉が通じなくても、自力でなんとかしなくてはならない制度設計なのです。

　少なくない数の申請者が、無期限の収容生活に苦しみ続けています。仮放

＊1　日本の 2017 年の難民認定申請数・認定数は 2018 年 3 月 23 日に発表されたが（55、58 ページ参照／法務省 HP　http://www.moj.go.jp/nyuukokukanri/kouhou/nyuukokukanri03_00600.html）、他国の最新データは例年 6 月ごろに発表されるため、76 ページの表では 2016 年の UNHCR のデータを用いて比較した。

＊2　http://www.kanto-ba.org/declaration/pdf/h27a6.pdf を参照。

＊3　「申請者がその主張を裏づけるために真に努力をしても、その供述のいくつかの部分について証拠が欠如することがあり得る。……難民がその事案のすべてを『立証』できることはまれであって、もしこれを要求するとすれば難民の大半は認定を受けることができないことになろう。それ故、申請者に『疑わしきは申請者の利益に』の原則（灰色の利益）を適用することが頻繁に必要になる。」(UNHCR「難民認定基準ハンドブック（2015 年）」より)

＊4　難民認定義務付け請求訴訟という訴訟類型もあり、東京地裁で画期的な勝訴判決が出た（2015 年 8 月 28 日）。

免許可を得ることができても、就労許可や健康保険への加入すら許されず、難民審査などの手続の継続を強いられるのです。生活保護も受給できない中、生活保護の 3 分の 2 程度の経済支援を一定期間受けている場合がありますが、支援を受けている当事者はごく一部です。

❖訴訟において

申請者のために訴訟を遂行することも弁護士の役割の 1 つです。ただし、日本の難民審査は、裁判所も含めて、認定されるべき「難民」の範囲の解釈が他国の基準・国際的な通説と比較して極端に狭く、申請者の供述に関する信憑性の評価も、申請者が置かれた境遇の特異性を度外視して行われる場合が認められます。そして、国際的に広く受け入れられた「灰色の利益」[3]などの原則が採用されていないなど、多くの問題があります。

申請者は、異議棄却（審査請求棄却）を通知されてから 6 カ月間、難民不認定処分取消請求訴訟[4]を行うことができますが、最近では、申請者が訴訟を行う機会が奪われたり、裁判所で難民不認定処分を取り消す内容の勝訴判決が確定しても、難民認定処分が出されない異常事態が目立ちます。

すなわち、訴訟を望みながら、裁判を受ける権利を奪われて送還される申請者らの存在が大きな問題となっています。仮放免中の申請者たちが、異議棄却決定告知と同時に身体拘束され、その翌日には弁護士にも連絡できないまま強制送還されるケースが増えているのです。申請者の「裁判を受ける権利」を蔑ろにする制度運用は、ただちに改められなければなりません。

また、裁判所で難民不認定処分が取り消され、申請者の難民該当性が肯定された判決が確定しても、入管で（法務大臣が）難民認定処分を与えることを拒み続けたあげく、事情が変更したなどと主張し、再び申請者に難民不認定処分を下すケースも出ており、深く懸念されます。　　　　　　（駒井知会）

column 3 ユニクロで働く

●アブドゥルラハマーン・アル＝ネッサーさん
（ユニクロドイツ・タウエンツィーン店／2017年9月末現在）

2015年9月にシリア・ダマスカスを出発し、ドイツに到着しました。ドイツ語の語学学校に毎日通い、ドイツ語を取得しました。

シリアではマタニティウェアの店で働いていた経験がありました。そういった背景から、ドイツ人のホストファミリーから娘さんがベルリンのユニクロで働いていることを知り、関心を持つようになり、面接を受けた結果、採用が決定しました。

今では複雑な仕事ができるドイツ語学レベルの試験にも合格。最近では優れたカスタマーサービスを提供しているスタッフとして国代表に選ばれ、会社から表彰されました。将来はユニクロの店長になりたいという夢を持っています。

ユニクロ・タウエンツィーン店のメンズフロアがアブドゥルさんの担当。接客では、微笑みを忘れない

●カディザ・ベゴムさん（ユニクロ館林店／2017年9月末現在）

バングラデシュで生まれました。両親ともにロヒンギャの少数民族です。2006年12月にバングラデシュから日本に来日しました。

日本語をゼロから猛勉強し、UNHCR難民高等教育プログラムに応募し、青山学院大学に入学しました。2年生のときに第一子を出産。その後、ユニクロ池袋東口店で学生インターンシップに参加したことがきっかけで、アルバイトを開始。第二子の出産を機にいったん退職しましたが、「いつでも戻っておいで」との店長からの後押しもあり、2015年4月から子どもたちを保育園に預け、ユニクロ館林店で働いています。

6歳と4歳の子どもがもう少し大きくなったら、フルタイムの正社員になって、5年以内にバングラデシュの難民キャンプにいるロヒンギャ難民のために、ユニクロの一員として支援したいと思っています。

カディザ・ベゴムさんと夫、二人の子どもたち

第4章

日本発・難民支援の新しい方法

17

社会の「重荷」
ではなく「人材」へ

❖ 日本の「難民起業家」たち

街を歩くと、さまざまな国のレストランを目にします。中華料理、韓国料理、インド・ネパール料理、ベトナム料理などは昔から多いですが、東京の高田馬場には、多くのミャンマー料理レストランが集中しています。新宿駅から2駅のところにあるそこは、人呼んでリトル・ヤンゴン。じつは、その中には、日本に逃れてきた難民が立ち上げた店が少なくありません。

難民の人びとが、日本で厳しく不安定な状況に置かれていることは、読者のみなさまはすでにご存じでしょう。ただ、彼ら彼女らは、決して支援を待つだけの人びとではありません。それぞれ経歴があり、生きていく力を持っています。生き延び、よりよい生活を送ろうとするために、さまざまな挑戦をしているのです。その1つが、起業によって自ら雇用を生み出そうという取り組みです。

事業の種類はさまざまで、飲食店でも、民族料理のレストランだけではなくラーメン店などもあります。輸出業も多く、中には海外に店舗を持つ者までいます。ほかにも、輸入業や服飾・アクセサリーの小売、アプリ開発など、経験やつながりを活かして挑戦しています。

ただ、起業には多くの壁があります。「難民起業サポートファンド」（ESPRE）は、このような難民の挑戦を後押ししたいという思いから生まれた取り組みです。ESPRE では、難民という背景を持つ起業家を「難民起業家」と呼んでいます。

❖ 「難民起業サポートファンド」（ESPRE）の始まり

ESPRE の母体は、来日した難民を総合的に支援している「認定 NPO 法人難民支援協会」（JAR）です。JAR は 1999年の設立当初から、難民一人

ひとりが直面する厳しい状況に向き合い、支援を行ってきました。しかし、2008年には難民申請者がついに1000名を超え、支援の方法を見直さなければ、ニーズに応えられなくなると考え始めたのです。

JARは、支援の基本に立ち返り、難民自身の力＝自立する力や、支え合う力＝共助の力に目を向けようと、いくつかの難民コミュニティを訪問しました。注目したのは、生計を立てるために、難民の人びとがどのような可能性を持っているのか。そこで出会ったのが、コミュニティ内で互いに支え合い、起業して家族を支えようとする難民たちでした。

起業という、一見ハードルが高い手段を選ぶ理由はさまざまです。来日前に企業を経営していた人もいますが、はじめて起業に挑戦する人の方が多いです。ある人は、安定した立場で雇用されず、歳をとって職を失う可能性を考えて起業を決断しました。自分たちの文化を日本に伝えたい、自分の能力を活かしたいという思いに動かされた人もいます。共通しているのは、真剣に挑戦をしようという意欲です。

JARでは、難民が起業に成功することで、個人の生活が改善して他の難民を支える立場にもなること、雇用を生み出すこと、そして事業を通じて日本社会にも貢献できることを期待しました。ひいては、難民起業家を生み出すことで、難民へのイメージを「重荷」から「人材」に変革できるかもしれません。そのようなゴールを見据えて、海外での困窮者支援の取り組みも調査し、融資と経営支援を行う機関＝ESPREを立ち上げるに至ったのです。

❖ESPREによる支援のしくみ

ESPREの難民起業家支援は、大きく2つに分けられます。

1つ目は、事業を始めるにあたって必要な「資金調達」です。

資金が不十分な状態で事業を始めると、売上が伸びる前に資金が途絶えて

しまいます。しかし、難民の人びとにとって、資金を貯められるような安定した就労先を見つけることは困難です。金融機関などから融資を受けようとしても、言葉の壁や在留資格が問題になることもあります。同じ国出身の人同士での協力はよく行われますが、そうしたコミュニティへのアクセスを持たない難民も多くいます。そこで ESPRE は、100万円を上限に融資をしています。通常の起業費用には足りませんが、資金調達の困難を軽減できます。また、事業開始後の運転資金の不足をカバーすることもあります。

2つ目は、具体的な「事業構築」支援です。

売上を立てるために顧客を見つけてマーケティングをするのは、誰にとってもむずかしいことです。しかし、日本人を顧客とするレストランや小売業では、日本での生活経験が少ない難民はとくに不利になります。許認可も問題になり、財務計画・管理もむずかしい。難民起業家の多くは経営の経験もなければ、経営を学んできたわけでもありません。

ESPRE の事業構築支援では、起業前であれば、事業計画や財務計画を一緒に議論することから始まります。また、店舗物件を探したり、事業が始まった後にはメニュー選定や内装の検討を手伝ったりすることもあります。そのほかにも、ニーズに応じて、デザインや経営などの専門家にも協力をしてもらいながら、事業を支えています。

たとえば、冒頭に挙げたミャンマー料理店の中にも、ESPRE が支援をした店があります（写真参照）。支援の相談を受けたとき、すでに自力で店をオープンしていましたが、資金が不足していました。これからどのように売上を上げていくかについてやりとりをする中で、この店を続けることが家族にとってどれだけ大切なのかがわかり、融資することを判断しました。

融資後も、メニューの作成、弁当の内容検討、イベントの実施など、レストラン営業の基本的な部分でのサポートや、プロボノ（専門家が、その知見

chapter **4** 日本発・難民支援の新しい方法

高田馬場のミャンマー料理レストラン「スィゥ・ミャンマー」タン・スィゥ氏（左）、タン・タン氏（中央）と著者（右）

やスキルを活かして社会貢献をすること）で協力してもらっている税理士事務所による売上の管理や税務といった部分でのサポートを行っています。

なお、ESPRE の運営資金は、多くの方々からの寄付で成り立っており、効果的に使うことが求められます。そこで、ESPRE は融資前に事業構築の支援を行う期間を設け、経営者が事業に本気であることを見極め、事業内容を具体的に検討しています。その後、外部の専門家を交えた「融資審査委員会」に、融資可否の判断を委ねます。このようなプロセスを経ることによって、限られた融資原資をより有効に活かそうとしています。

❖ 私たちにできること

最後に、読者のみなさまにお伝えしたいのは、難民の力を信じて支えてほしいということです。

「難民」というと、一般的には「支えなければならない人」というイメージがあるかもしれません。もちろん、スキルや知識は十分ではありません。性格もいろいろです。しかし、日本での過酷な状況下でも、将来を見据え、挑戦をし続けている人でもあります。そのような難民の人びとの力を信じ、その挑戦への障壁を減らすことで、コミュニティの人びとの生活は安定し、新たな事業が生まれます。日本社会へも大きな社会的リターンがあるといえるのではないでしょうか。

難民や外国にルーツがある人が経営している事業＝レストランなどが身近にあれば、ぜひ行ってみてください。お客となるだけでも、大きな力になります。また、資金や経営支援で協力できそうであれば、ESPRE に問い合わせてください。多くの方々にとって、「難民」がポジティブな存在として受け入れられるようになれば、ありがたいです。

（吉山 昌）

18

難民を社員として
雇用する企業

❖ファーストリテイリングが難民支援を実施する理由

　ユニクロなどを展開する株式会社ファーストリテイリング（以下、FR）は、「服のチカラを、社会のチカラに。」という考え方のもとサステナビリティ活動を推進しており、「サプライチェーン」「商品」「店舗・コミュニティ」「従業員」の4つの重点領域でイノベーションを起こし、社会・環境への配慮を組み入れ、透明性を保ちながら成長していくことをめざしています。

　中でも、「店舗・コミュニティ」は、グローバルに事業を展開する企業としての「グローバルコミュニティ」と、FRが店舗展開する「ローカルコミュニティ」の2つを意味しています。グローバル、ローカルともに、コミュニティそのものの安心・安全な生活が成り立たなくては、われわれの事業活動の存続はありません。平和な社会こそが、ビジネスをするうえでの前提条件といえます。

　私たちは、難民問題をコミュニティの安定的な成長に多大な影響を与える深刻な社会課題ととらえています。このような背景から、ユニクロは2006年から難民支援活動に注力しています。

❖ 難民支援活動のアプローチ

難民支援活動では、次の4つのアプローチを行っています。

① 衣料支援活動（全商品リサイクル活動）

　2006年より、お客さまから不要になったユニクロ・ジーユーの衣料を預かり、着用できるものとできないものに分け、着用できる衣料については18種類に選別し、難民支援にあてています。これまでに65の国と地域の難民・避難民に2500万着以上の衣料を届けました（2017年8月末時点）。

② 教育機関との取り組み（"届けよう、服のチカラ" プロジェクト）

　毎年、FR の社員が小・中・高校に難民問題と「服が果たすチカラ」について出張授業をしています。その後、具体的なアクションとして、学校・クラス単位で子どもたち自身の手で子ども服を回収する教育プログラムを実施しています。2013年以来、のべ10万人の子どもが参加しました。

　③ **難民雇用**

　国連難民高等弁務官事務所（UNHCR）とグローバルパートナーシップを締結した2011年より、難民の自立を含めた包括的な取り組みへ強化するため、国内ユニクロ店舗における難民雇用を開始しました。現在は、RISE（Refugee Inclusion Supporting Empowerment）プログラムとして、国内外で難民の雇用を拡大しています。

　④ **難民キャンプなどでの自立支援**

　2015年に UNHCR とグローバルパートナーシップを拡充し、1000万ドル（約12億円）の支援を発表。うち550万ドルを、難民キャンプや都心部に住む難民を対象とした自立支援プログラムへ拠出を決定。現在、ネパール、インド、マレーシア、イラン、パキスタンの5カ国で、ライフスキルトレーニングや収入創出のプログラムが行われています。

　衣料支援活動は、「服のチカラ」を通じた直接的かつ人道的見地から、緊急性の高い取り組みとして位置づけています。教育機関と取り組んでいる「"届けよう、服のチカラ"プロジェクト」は、次世代を担う子どもたちに難民問題とは何か？　自分たちにできることは何か？　を考えてもらうきっかけとして、教育的観点から推進しています。

　しかし、直接的な物資支援や啓発活動だけでは、難民問題の恒久的な解決につなげることはできません。6560万人もの人びとが故郷を追われているという現実は、それだけの人の数の人生において、さまざまな機会や夢が奪われていることを意味します。これは、社会的・経済的に見ても大きな損失

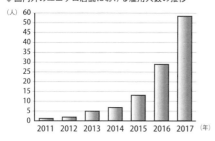

◆国内外のユニクロ店舗における雇用人数の推移

です。そうした気づきを持つ中で、民間企業の立場から難民の自立を後押しすることを決断しました。その1つが難民雇用です。

❖ サステナブルな難民問題解決アプローチとしての難民雇用

　ユニクロの難民雇用は、2011年からスタートしました。2017年10月時点で、日本46名、ドイツ7名、フランス4名の計57名が国内外の店舗で働いています（上図参照）。ミャンマーからの難民が多く、その他エチオピア、コンゴなどのアフリカ諸国、シリアの方も数名働いています。

　当社の難民雇用の大きな特徴として、採用時の日本語レベルは問わないこと、入社後の待遇やキャリアアップ方法はほかのスタッフとまったく同じことが挙げられます。現在46名のうち、4名が正社員として働いています。当社は100名の難民雇用をグローバル目標として掲げ、日本のみならず、海外のユニクロ店舗での雇用も積極的に推進しています。

　難民雇用は、当社の事業プロセスそのもので貢献できる方法です。また、難民というさまざまな背景を持つ人材の雇用は、当社のグローバルな事業活動にも役立ちます。さらに、地理的な特性により、他国にくらべて多様性を重んじる機会の少ない日本社会では、従業員のグローバルなマインド醸成をするうえでプラスになっています。

　国内ユニクロ店舗では、毎年4月と10月の2回、難民スタッフの採用を行っています。応募のプロセスは、まず、国内の難民の自立支援を推進するNGOや団体から応募書類を出していただき、その後、応募者に向けた会社説明会が実施されます。応募者が勤務を希望するエリアを確認し、勤務候補となる店舗の選定を行います。実際の面接は店長が直接行い、合否を決定します。このとき重要な要素は、一緒に働く店長やスタッフの理解、店舗の運営体制、受け入れる側の難民雇用への意欲と組織整備です。難民雇用は、雇

chapter **4** 日本発・難民支援の新しい方法

「"届けよう、服のチカラ"プロジェクト」に参加した高校生たち

用を希望する難民側の適性やモチベーションだけではなく、受け入れをする企業側の度量が大きく問われます。

なお、ユニクロでは、入社した難民スタッフに対し、フォローアップ体制を整備しています。主に本部研修、店舗での職場内訓練、トレーナー制度を導入しており、本部研修の中では、文化のちがいから発生するミスコミュニケーションやトラブルを回避するための、異文化コミュニケーションの研修も行っています。トレーナー制度では、難民スタッフが一人で悩みを抱え込んで孤立しないよう、難民一人に1名の日本人スタッフをあてて、業務上のサポートはもとより、よき相談相手としての役割を果たしています。

また、採用時は日本語レベルを問いませんが、入社後は日本語学習の努力が必要となります。会社からは、日本語研修やふりがなつきのマニュアルを提供し、一日も早く即戦力になってもらえるようサポートしています。

❖ 難民雇用の根底にある理念──共存共栄

ユニクロは、チームワークを大切にしている企業です。個人の強みは最大限活かしつつ、弱い部分はチームとしてカバーをしていきます。難民雇用に関してもこのスタンスを貫いています。

難民雇用の根底には、「共存共栄」の理念──「共に働き、共に生きる。共に学び合い、共に成長すること」を一人ひとりが持つ必要があります。自分の人権は自分自身で守ることができません。他者を尊重し、支え合う気持ちがあってこそ、自分や他人の人権が守られるのです。

こうした考え方を従業員はもとより、社会全体に浸透させていくことが、難民問題解決の一助となると信じています。今後も民間企業の立場から難民雇用をはじめとする、さまざまな取り組みを発信し、呼び水になっていきたいと考えています。

（シェルバ英子）

19

難民の視力改善を
支援する企業

❖難民キャンプにメガネを届けたい

1980年代初頭、ラオス、カンボジア、ベトナムでの内戦から逃れ、タイに保護されていた「インドシナ難民」の難民キャンプで、メガネが必要とされていることを知りました。難民の人びとは、キャンプにたどり着くまでにメガネを破損したり、紛失したりしていたのです。そのような窮状を知り、アジアの同胞として「難民一人ひとりの視力に合ったメガネを贈りたい」という思いで、難民への支援活動を始める決断をしました。

これを実現するには、ただメガネを送りつけるだけではなく、一人ひとりの検眼をしてメガネを調整する必要がありました。地方の一企業としては未知の活動でしたが、1983年に始めた活動は、その後ネパール、アルメニア、アゼルバイジャンに拡大し、36年目を迎えました。

最近では、難民や避難民のほか、訪問地域の老人、児童、障がい者など社会的困窮者にも対象が拡大されています。社業の専門性と社員の知識、技術を活かした民間企業による海外難民支援活動ですが、社員はボランティアで、有給休暇を差し出して参加し、渡航経費は会社が全額負担しています。毎回5〜6名のメンバーでチームを組織し、およそ2週間程度の旅程を組んでいます。これまで、のべ176名の社員、7名の社外の専門家が参加し、15万5000組あまりのメガネを寄贈してきました。

この活動は2回目以降、UNHCRの全面的な支援を受けて行われ、1984年、UNHCRと民間企業との協力関係であるプライベートセクターパートナーシップを結び、パートナー企業としては世界で最も長い35年の間、良好な協力関係を維持しています。最近では、タンザニアやケニア、バングラデシュなどのUNHCR事務所から要請を受けてメガネを寄贈したり、イラクの日本大使館からの要請でクルド人避難民の子どものためにメガネを製

作・寄贈したりする活動も行っています。

❖プロジェクトの始まり

　私はオプトメトリストという、アメリカではドクターで呼ばれる視力ケア専門職の資格を持っています。1966年、この資格を取得するために留学した当時のアメリカでは、社会的困窮者に対する専門的サービスを無料で提供するというボランティア活動が盛んで、私もたびたび参加していました。

　そのときのオプトメトリストとしての体験が、後日海外の難民への支援活動につながりました。帰国後、いつか自分の仕事を通じて「これまでの人生で受けた恩を社会に還元したい」という思いに加え、高度な教育を受けたオプトメトリストとしてのプロフェッショナルな使命感に導かれて活動が始まりました。これが、オプトメトリーという専門性を活かした、民間企業による国際的な社会貢献活動へと発展していったのです。

　1983年、創業45周年の年にあたり、社業の専門性を活かした社会貢献事業を模索していたとき、タイに保護されているインドシナ難民の状況を知って、支援活動を決断しました。会社全体を巻き込む前例のないプロジェクトは、社員たちにもまったく想像のつかない突飛な構想であり、実施へ向けての一歩を踏み出すことは簡単ではありませんでした。

　当時は、UNHCRの事務所が東京にあることも知らず、海外での難民支援活動についての十分な情報もないままの見切り発車で、「教科書のない活動」の始まりとなりました。

　はじめは信頼できるパートナーにめぐり合うことができず、予想外のトラブルの多発に終始ハラハラ、ビクビクの連続でした。現地にチームを派遣したはいいものの、どこに宿泊するのか、どのように難民キャンプへ行くのか、そこでどのような手順で作業をするのかなど、事前の情報を何も得られ

ないまま現地を案内されたのです。次から次に遭遇する困難な問題を前に、海外でのボランティア活動は決して生易しくないということを思い知らされました。将来のたしかな見通しも立たず、この時点では難民支援活動の継続はむずかしいと判断せざるを得ませんでした。

　しかし、ミッション終了後、メガネを受け取った難民や現地の関係者から、活動継続への強い期待感が示されました。メガネの提供は、ライフラインの確保とは異なり、UNHCR のメニューにもないニッチな支援活動でしたが、とても歓迎されたのです。

　まもなく、UNHCR タイ事務所から、活動継続に対する正式な要請が伝えられました。一民間企業に対する支援要請はきわめてまれでしたが、UNHCR タイ事務所が現地パートナーとして活動を支援するという条件を取り付け、要請を受け入れることになりました。当時はまだ企業とのパートナーシップという概念はなく、自然発生的に結ばれたものでした。

❖現地との人間関係をつくる中で

　贈呈されるメガネは、すべて新品です。眼鏡の製作は営業の合間を利用し、年間を通して行われています。ミッションには直接参加しなくても、眼鏡の製作を通じ、たくさんの社員がこの活動の後押しをしています。

　毎回ミッションに先立ち、新しく製作された4000組のメガネが航空貨物便で現地に空輸され、訪問国の UNHCR 事務所による無税通関手続を経て事務所に運ばれ、厳重に管理されています。メガネの無税通関とその後の管理は民間企業や NGO では対処できない、UNHCR 事務所の大切な役割です。

　また、ミッション活動の現場では、さまざまな国際的 NGO の協力を得ており、タイでは「カトリック・リリーフ・サービス」「アメリカ難民委員会」「国境なき医師団」「英国児童救済基金」「国際救援委員会」などの支援を受

chapter **4** 日本発・難民支援の新しい方法

子どもの目を検査する筆者と次男の邦容氏
(カリフォルニア大学・バークレー校／UCB
助教授) ©UNHCR／Andrew McConnell

けました。欧米からやってきた若い男女のボランティアが、生き生きと活動しているのが印象的でした。対照的に、お金や物資を送るだけの日本の姿勢は、国際社会から「顔の見えない援助」という厳しい批判を浴びていました。

近年訪問しているアゼルバイジャンでは、政府関係機関や地方自治体の協力を受けていますが、現地の関係者との信頼関係構築には、毎回気を遣っています。ともに汗をかき、毎日の協働作業から生まれる感動は、ミッションの宝です。ミッション終了後、「とても楽しかった。また来て！」と言われるのが、ミッション継続のエネルギーとなっています。

アルメニアでの活動では、「たいへん心のこもったプロフェッショナルなサービスだった」と喜ばれ、「日本人は、無表情で、遊びもしないで、ただ真面目に黙々と働くつまらない人間だと思っていたが、今回一緒に活動してとっても楽しかった！ 日本人に対する見方を変えた」(UNHCR エレバン事務所スタッフ) とも、言われました。また、アゼルバイジャンでは、「視力の改善は世界で最も貴重な人道支援活動です。ヒューマニズムの象徴です」(アリ・ハサノフ アゼルバイジャン副首相) と言われました。

ミッションに参加した社員にとっても「非日常的体験の連続」で、「宝物をもらったかのように本当に喜ばれた」「現場を自分の目で見ることの大切さを知った」「われわれの技術が役立っているという達成感は格別」など、ひと言では言い表すことのできない深い感動を得ています。

「海外難民視力支援ミッション」は夢のような出来事でした。35年も続いたことは奇跡的とさえ思えます。このような機会にめぐり合うことができ感謝しています。一人ひとりの難民の視力回復を通じて、最低限の自立に役立つ支援でありえたならば、うれしく思います。この活動には定年はありません。私は41歳で始め、34回ミッションに参加し、今年76歳を迎えますが、健康の許すかぎり、活動を続けていきたいと思っています。　　(金井昭雄)

20
難民とともに暮らす！日本で広がる「難民ホームステイ」

❖ 難民申請をした人びとが過ごす、日本での日々

降り立った成田空港。右も左もわからない新しい国。

通じると思っていた英語は全然通じない。知り合いや家族もいない。

まず、どの駅に向かったらよいのだろうか……。

これは、ある中東出身の難民が語った来日初日の思い出です。

難民申請をした人びとは、合法的に日本に滞在することができます。しかし、同時に、難民として認定されるまでの長い道のりが始まります。とくに最初の6カ月は就労許可もありませんし、学校に行くこともできません。

何もすることがない中で、一日中山手線に乗って時間を潰す人、ファストフード店で100円のコーヒーを買って朝まで過ごす人、モスク（イスラム教の礼拝堂）で雑魚寝をしながら同郷の仲間と励まし合う人、内戦の続く国に残った家族の安否を確かめるため、コンビニエンスストアのWi-Fiからインターネットにつないでメッセージを確認する人……。

「やることがない毎日が過ぎていく」「誰かに会うには交通費がかかるから引きこもってしまう」「檻のない刑務所にいるようだ」「日本人とどうやって友だちになるの？」。政府の難民キャンプも難民シェルターもないこの国で、途方に暮れる難民の人びとの声です。

❖ 「難民」って誰？

これは、日本から遠く離れたどこかで起きている話ではありません。もしかすると私たちは、今日も街中で「難民」と呼ばれる人たちとすれ違っているかもしれないのです。5カ国語を話すビジネスマン、漁師、学校の先生、看護師、デザイナー、ITエンジニア、ジャーナリスト、経営者……難民という言葉の裏側には、私たちと同じような暮らしをしていたはずの人びとの

姿があります。

「魚をくれるのではなく、魚の釣り方を教えてください」というアフリカ出身の難民の言葉が心に残っています。「ぼくらはこれからも、この国で生きてゆかなければならないんだから」と。

彼らは生きる教科書です。ニュースでよく耳にするテロ、紛争、弾圧、空爆……。テレビやスマートフォンの画面の向こう側で起きていることが、もし一緒に暮らしている友人の故郷だったら？　世界がぐっと近くなる気がしませんか？

各国政府には自国の「国家の安全保障」を守る責任と義務がありますが、その同じ国民を弾圧したり抑圧したりすることもあります。国家に人びとを守る意思（will）も、脅威から人びとを守る能力（can）もないときに、「人間の安全保障」が脅かされます。国家が守らない・守れない「国民」がいたときに、誰が手を差し伸べられるのでしょうか？

難民問題を解決するには、もちろん国連や政府が大きなアクターとなります。しかし、じつは、近くにいる誰かが、難民の人びとの「信頼できる人」になることで、"難民問題の根本的解決"のずっと手前にある、"難民の○○さんが直面している問題の解決"に対する大きな力になれるのです。

❖「難民ホームステイ」 2つの目的

私たちの団体名 WELgee（ウェルジー）は、WELCOME（ようこそ）と REFUGEE（難民）をかけ合わせた造語で、「難民の人びとも歓迎できるような社会をつくりたい」という思いが込められています。

想像してみてください。たとえば、遠く離れたアフリカから、紛争を逃れて日本にやってきた同い年の青年が、自分の家に泊まりに来たら……？

そんな、むずかしいだろうといわれていたことを、実際に日本で始めたの

◆アンバサダーたちのホームステイ体験談

・習字体験をして自分の好きな言葉を書きました
・日本料理を一緒につくりました
・人生はじめての銭湯に行きました
・稲刈りのお手伝いをしました
・お箸でご飯を食べました。うまくいかなかったけれど……
・ホストファミリーのお母さんからひらがなを習いました
・東日本大地震の被災地をめぐり被災された方のお話を聞きました
・ホストファミリーがアフリカ料理を振る舞ってくれました

が「難民ホームステイ」です。ホームステイの目的は、次の2つです。

　① 日常生活で孤独に陥る難民の人びとが、日本人と関わることで、社会とのつながりを築けること

　② 家がなくホームレス状態に陥った難民の人びとが、支援のない初期の時期に屋根のある家で過ごせること

　ホストファミリーには、まず①の状態にある人を受け入れてもらい、その後希望する場合には、市民ネットワーク「Welcome House ネットワーク」に加わり、②の状態に陥った人びとを受け入れてもらっています。受け入れる理由は、「難民問題に関心はあるけれど、自分に何ができるかわからない」「寄付以外でも何かできることはないか」など、さまざまです。

　2016年に始まった「難民ホームステイ」事業は、2018年1月までに、20の家庭でのホームステイ体験を実現してきました。ホームステイ先は東京にかぎらず、静岡県、埼玉県、茨城県、福島県、北海道、神奈川県、千葉県、群馬県、長野県など、地方にまで広がっています。

❖普通の市民だからできる難民支援

　WELgee では、ホームステイに行く難民を「アンバサダー」と呼んでいます。アンバサダーとは英語で「大使」という意味で、日本社会と彼らの知る世界の架け橋となるように、という願いを込めています。

　アンバサダーが体験するのは、普段、ホストファミリーが過ごしている当たり前の日常です（上表参照）。

　新宿駅で寝泊まりをしていた、ある難民の青年は、1カ月のホームステイを体験し、片言の日本語を話せるようになって戻ってきました。「毎日、子どもたちと一緒に過ごしていたから」だと言います。

　言葉や肌の色、文化のちがいを、人と人のちがいだととらえられるように

chapter **4** 日本発・難民支援の新しい方法

埼玉県の農家にホームステイして農業体験をする
アンバサダーと日本の学生たち

なるためのスタート地点は、ともに過ごす時間を持つことなのです。

アンバサダーたちは、ホームステイとホストファミリーとの交流を通じて、日本社会への最初の一歩を踏み出します。ホストファミリーも、日常の中で世界を身近に感じ、国際交流をしながら、誰かのたすけになることができます。

国を逃れ、家を手放し、家族と別れて日本にやってきた難民の人びとの、家のドアと心のドアを開けること。日本の文化・社会を、人との関わりを通して知ってもらうこと。そしてそれ以上に、信頼できる人ができるということ。それは、「普通の市民だから」こそできる支援の1つです。

❖ 難民に「ついて」話すのではなく、難民「と」話そう

「難民ホームステイ」は、ドイツの若者たちが始めた活動をモデルにしています。世界難民危機を受け、先進国の中で難民が最も多く押し寄せたドイツ。自分たちのシェアハウスが1部屋空いたとき、マリ人の難民の青年を迎え入れたという若者たちが始めたこの活動は世界中に広がり、このようなホストファミリーが、すでに1200を超えました。

「Not talk ABOUT refuge, but talk WITH refugee.」

この言葉が、ドイツから帰ってきてもずっと気になっていました。私たちは talk WITH（難民「と」話す）しているのだろうか。Talk ABOUT（難民問題「について」話す）しているだけではないだろうか。

私たちはこれまで「社会の課題」としかとらえられてこなかったことを、社会の「おもしろみ」「強み」に変えていきたいと思っています。

難民は日本の家族に出会う。日本の家族は世界と出会う。お互いの毎日が、もっとカラフルになることは間違いなし。第2の人生に希望を抱ける社会を、ともにつくり出していきませんか？　　　　　　　　　　（渡部清花）

21

シリア難民を留学生として
受け入れる民間の試み

❖自ら一歩を踏み出して

「内戦が起きてから、私たちはすでに6年の時間を奪われました」

　これは、2017年3月に認定NPO法人難民支援協会（JAR）のプログラムで来日したシリア難民留学生の一人が、歓迎レセプションでのスピーチで語った言葉です。シリア内戦が始まって以来、若者たちの、かけがえのない学びと経験、成長の時間が失われてきた現実が、ずしりと胸に響きました。

　彼らを日本に招聘する事業が構想されたのは、その2年前の2015年に遡ります。日本のメディアでも、当時100万人ともいわれた難民・移民がヨーロッパをめざして移動する様子が連日大きく取り上げられましたが、日本政府が当時認定したシリア難民はわずか3人（人道配慮による滞在が40人程度）にとどまり、日本が国際的責任をどのように分担するのか、政策的課題となっていました。しかし、同年11月のパリでのテロ事件を受け、世界的な潮流も、日本での議論も、一転して消極的な結論が見通されつつありました。

　そのような中、難民を留学生として受け入れられないかという問い合わせが、ある日本語学校からJARに届きました。「日本は難民を受け入れる準備ができていない」「テロリストが交ざっている可能性がある」「日本に来たい難民はいない」など、否定的な意見がメディアやネット上で飛び交う中、JARと日本語学校が自ら受け入れ元となれないかという問いかけでした。

　政府が動かないのであれば、民間主導で難民を受け入れることで社会を変え、それによって政府も政策を再検討できるような状況をつくっていこう、そのようなビジョンを持って、このプロジェクトはスタートしました。

❖民間難民受け入れが進むカナダからの学び

　2016年1月、JARは各国の好事例から学ぶため、民間主導の受け入れが

進むカナダに調査団を派遣し、カトリック・トロント難民事務局（Office for Refugees, Archdiocese of Toronto）から学ぶ機会を得ました。

カナダでは、政府の難民受け入れを補完して、民間の団体や個人のグループが招聘元となる民間難民受け入れ（プライベート・スポンサーシップ）が定着しており、2017年には民間主導で1万7000人の難民を受け入れるに至っています。カナダの経験から、受け入れの成功は来日前の事前準備で決まること、また「期待値のコントロール」が重要で、過度な期待を抱かないようにすることなど、多くの重要な教訓を学ぶことができました。

ただし法的身分について、カナダの場合は民間で選定した人も、あくまでカナダ政府が難民として認定しています。一方、当面の日本政府の政策の下では、同じように難民として受け入れることは残念ながら見込めません。しかし、法務省に要件を確認した結果、留学生であれば、通常の審査手続きを経て、在留資格認定証明書が発行されることがわかりました。日本語学校卒業後、大学や専門学校を卒業して就職が決まれば、就労資格を得て長期に日本に滞在する道も開けます。

生活支援についても、カナダの民間受け入れでは公的助成を受けて数多くの市民社会組織、宗教系組織が提供しますが、日本には民間とのパートナーシップによる難民受け入れ制度がなく、民間資金を集めたうえで市民社会から提供する必要があります。プロジェクトの成功には、NGO／NPOなどの市民社会組織、宗教系組織、企業、自治体、地域のボランティアなど、日本社会のさまざまなアクターの協力が必須だと結論づけました。

その意味で、当初よりカリタスジャパン、ラッシュジャパンからの資金面での支援があったことは大きく、インドシナ難民の受け入れ経験を持つ世界宗教者平和会議（WCRP）日本委員会との共同事業としてプロジェクトが発展したことは、日本の難民受け入れにとっての新たな一歩といえます。

トルコでの日本語学校と JAR による面接

❖ トルコにて学びの場を求める若者たち

その後2016年5月、当時のシリア難民460万人のうち、最大の250万人が滞在していたトルコにて調査を行いました。トルコには高等教育を必要としているシリア難民が約55万人もいること、トルコ政府や支援国もトルコの大学への受け入れを一義的には進めているものの、約10万人がアクセスできているにすぎないことがわかりました。高等教育を受けられない場合、不安定な単純労働に従事するしかなく、どうしたら高等教育のチャンスをつかむことができるのか、多くの優秀な若者が模索していました。

このような調査結果を踏まえ、同年7月より受け入れ事業を開始しました。募集要項には、生活費は自活する必要があること、一般的なアルバイトの内容、狭い住環境、外国人（とくにムスリム）の少ない社会状況、難民政策など、あらゆるネガティブな情報も含めて記載し、過度な期待を抱いて応募することのないよう配慮しました。応募要件は以下の通りです。

・高等教育を受け、国際的な就業市場での就職の意欲と能力を持つ方
・生活費はアルバイトで稼ぎながら、日本語を学習する条件に賛同する方
・高校卒業資格を提出可能な方
・家族が日本への留学、生活に賛同しており、留学後経済的に家族を支えることが不要な方
・26歳以下、また過去に日本語学習経験を持つ方を優先
・トルコでの就業経験を持つ方を優先

2016年9月にオンラインで募集を行ったところ、3週間で212名の応募がありました。第1次書類選考では学力、適応性、難民該当性、脆弱性を基準に40名、第2次書類選考では10名に絞り、最終面接選考は日本語学校とスカイプを通じて行い、結果として男女3名ずつ、計6名を選考しました。

chapter 4　日本発・難民支援の新しい方法

来日後の部屋の様子から——漢字習得の努力

❖「夢を持つことができなければ……」

　その後、ビザ申請を進めながら、来日の準備を重ね、2017年3月末に5名が来日しました（1名は遅れて7月来日）。シリア紛争の発生から6年、「先進国」である日本にはじめて呼び寄せられたシリア難民たちでした。

　歓迎レセプションでの5人のスピーチは、会場に集まった多くの人びとの心に響きました。「たとえトルコでなんとか暮らしていくことができたとしても、『夢』を持てなければ、生きている意味がありません」「ほかにも学びたい若者は多くいます。どうかこのプログラムを続けてください」「このプログラムのよいところは、『難民』として支援に依存するのではなく、自立して生活費を稼ぎ、誇りを持って生きていけることです」。

　彼らは、3日間のオリエンテーションで日本の文化・習慣、就業（アルバイト）時の注意、法的身分、防災などについて学び、首都圏と関西の日本語学校に入学しました。約2年間、日本語学習とアルバイトを両立させながら、その後の進学準備を進めています。

　彼らに出会うことで、多くの日本の人びとにとっても、イメージとしての「シリア難民」ではなく、シリア出身の一人ひとりの若者との生身の出会いを通じて、民間受け入れの意義を理解してもらう機会となりました。

　現在、JARの先例にならって、各地に同様の取り組みを開始、あるいは検討中の団体や個人が出てきています。先行して蓄積したノウハウを共有し、無責任な受け入れとならないよう「民間主導の難民受け入れ基準」や「受け入れプラットフォーム」をつくっていくことが、これからの課題です。

　民間主導の難民受け入れは、日本社会と、ひいては難民・移民政策を、ボトムアップによって変えていく可能性を秘めているのです。　　　（折居徳正）

22

トルコの
シリア難民を
支援する

❖ シリア難民を最も多く受け入れている国、トルコ

2017年10月現在、トルコで避難生活を送るシリア難民は300万人を超えています。トルコ以外のシリア周辺国、レバノン、ヨルダン、イラクで避難生活を送るシリア難民を加えると、その数は約560万人にも及びます。

シリアは世界で最も多くの難民を生み出している国であり、トルコは世界で最も多くの難民を受け入れている国です。現在の世界における「難民問題」を理解するためには、トルコにおけるシリア難民の現状を知ることが不可欠だといえます。それは、単に数が多いという理由だけでなく、ヨーロッパへの大規模な難民の流入といった新たな課題を世界に突きつけているからです。では、日本において、その現状は正しく理解されているでしょうか。

❖ 「なぜ難民はスマートフォンを持っているのですか?」

2015年、ヨーロッパにシリア難民などが大挙して押し寄せた際、そのことに関心を持った日本人から最も多く尋ねられた質問です。

はじめてこの質問を受けたとき、その質問の意図するところが理解できませんでした。「今の時代にスマートフォンを持っていることは当たり前なのに、なぜこの人はこんな質問をするのだろう」と。しかし、同様の質問を何度もされるうちに、この質問の背後には「難民とは貧しいものである」という固定観念のようなものがあることに気づきました。上記の質問で省略されている言葉を補うと、「貧しいはずの難民がなぜスマートフォンのような高価なものを持っているのですか?」という質問になります。これで質問の意図は明確です。しかし、本当に「難民とは貧しいもの」なのでしょうか?

あるシリア難民を紹介します。ムスタファさん(42歳)は、シリアで歯科クリニックを開業していました。しかし、住んでいた町がIS(Islamic State)

の支配下に置かれると、ISから脅迫を受けトルコに逃れてきました。歯科の器材はシリアに残してきたままでしたが、トルコで新たに器材を購入し、歯科クリニックを開業しました。教育熱心なムスタファさんは、4人の娘たちをみな、将来トルコの大学に進学させたいと考えています。

　もちろん、シリア難民の中には、日々の食料すら手に入らない「貧しい」人もいますし、アフリカで飢饉が起きた際に発生する難民は「貧しい」人たちが大多数を占め、「難民とは貧しいもの」という固定観念はおおむね当てはまります。しかし、もともとの生活水準や教育水準が高い人たちが多いシリア難民の場合は、その固定観念はあまり当てはまらないのです。「難民がスマートフォンを持っている」のではなく、「スマートフォンを持っている人が難民になる」のです。では、ムスタファさんのように「貧しくない」難民には、なんの支援も必要ないのでしょうか？

❖ 難民支援の理由は「貧しさ」だけではない

　はじめてムスタファさんと会い、トルコでの生活を聞いたとき、私は「なんとリスクの高い生活をしているのだろう」と感じました。クリニックを開業するには、トルコにかぎらず、どこの国でも許可が必要です。許可を得るためには、ムスタファさんが資格を持った歯科医であると証明する必要があります。しかし、ムスタファさんの資格はシリアで取得したもので、トルコでは通用しません。そのため、クリニックの開業許可もおりません。

　すなわち、ムスタファさんのクリニックは「非合法」なのです。トルコの行政が取り締まりを開始すれば、明日にでも閉鎖に追い込まれる可能性があります。そうなれば、トルコで新たに購入した器材は無駄になり、収入もなくなってしまいます。もちろん、本人もこのようなリスクは十分に理解していますが、「歯科医として生きていく以外に生きていくすべを知らない」と

トルコのシリア難民に配布された食料品や衛生用品などの支援物資（2012年10月9日／ハタイ県）©AAR Japan

言うムスタファさんにとって、ほかの選択肢は思いつかなかったのです。

　歯科の開業医として、一見なんの不自由もなく生活しているように見えるムスタファさんですが、実際の生活は非常に不安定な状態にあり、一瞬で崩れてしまう可能性を含んだものです。その不安定さを解消するために、ムスタファさんもまた支援を必要としています。その支援内容は、食料や住居の提供などではなく、法律相談や開業許可申請のサポートなどになります。

　「貧しい」＝「生活に困っている」＝「支援が必要」という図式は、非常に理解しやすい構図ですが、貧しくなくとも生活に困っていて、支援が必要な人がいるというのがシリア難民の実情であり、シリア難民だけではなく、ほかの国の難民にも当てはまる実情なのです。

❖物資配布から、公共サービスへのアクセスの保障へ

　AAR Japan［難民を助ける会］は、2012年10月からトルコにおけるシリア難民に対する支援活動を開始しました。当初は食料支援や越冬用の物資配布などを行っていました。シリアで戦争に巻き込まれ、着の身着のまま逃れてきたようなシリア難民は、食料などの物資を必要としていたからです。

　しかし、避難生活が長期化し、住むところや日雇いの仕事を見つけ、日々の暮らしをなんとかやり繰りできるようになると、食料などの物質的な支援の代わりに、トルコの公共サービスへのアクセスや、トルコ語習得、就業などへの支援の必要性が高まります。とくに、医療や教育などの公共サービスへのアクセスは、難民の生活を安定させるために不可欠です。

　日本人にとって、公共サービスへのアクセスは当たり前のことで、それがなくなるというのはイメージしにくいかもしれません。それは、日本という国家が安定的に、そして継続的に日本国民に対して公共サービスへのアクセスを保障しているからです。しかし、難民は自分が国籍を持つ国家から、公

難民の住む家を1軒ずつ訪問し、公共サービスや難民登録方法などについての情報を伝えたり、個別の状況を聞いてまわったりするボランティアたち（2017年5月10日、2月7日／イスタンブール）©AAR Japan

共サービスへのアクセスの保障を受けることができません。そして、難民を受け入れる国は、必ずしも難民に対して公共サービスを提供する義務はありません。つまり、難民は権利が保障されない状況に置かれているのです。

　難民の生活を困難にするのはまさにこの点です。「貧しさ」は、権利が保障されていないことから生まれる、2次的な要素と考えることができます。

　トルコは、難民の一時的保護（Temporary Protection）制度の下、医療、教育など公共サービスのアクセスを認めています。シリア難民は医療サービスを無償で受けることができ、トルコの公立学校に子どもを通わせることができます。この制度はシリア難民にとっては非常に大きな恩恵です。

　しかし、この制度は十分に機能しているとはいえません。一時的保護制度への登録が完了するまで半年近く待たなければならない、登録が完了しても言葉が通じないために適切な医療を受けることができない、トルコの公立学校への登録がスムーズに進まないなど、いろいろな問題が発生しています。

　「戦争などによって国を追われ避難生活を送る難民」というのは、その悲惨さをイメージすることが容易であるため、難民の抱える問題が「貧しさ」の問題に矮小化されてしまいがちです。「貧しく可哀想な」難民を支援しなければならない、というように。しかし、すべての難民がそうではありません。とくに、トルコで生活を送るシリア難民には、貧しくなく、自分の力で生き抜こうとするたくましい難民がたくさん存在します。

　現在AAR Japanは、物資配布に代わって、通訳や役所への同行など公共サービスへのアクセスをサポートする活動を行っています。難民支援で重要なのは、「貧しく可哀想な」難民に食料や住居など物質的な支援をすることだけではなく、自らの力で生きていこうとする難民に、公共サービスへのアクセスなどの権利を保障し、自立した生活を送ることができるよう支援することなのです。

（景平義文）

23

難民の自立を
日本語教育で支える

❖日本語は日本での生活になくてはならない「道具」

目を閉じて想像してみましょう。あるとき、心も体も疲れ果て、必死の思いでたどり着いて保護を求めた国で、見たことも聞いたこともない言語に囲まれ、そこで「生きること」を始めなければならなくなったとしたら……。

今の日本の社会では、ごくごく普通の日常生活を営むためにも、日本語ができることは必須の条件です。自分が必要とするもの（乾電池や封筒から、衣類や靴などまで）を手に入れるために。自分が口にできる食料品（豚肉やラードを使っていない食材など）を買い求めるために。自分の行きたい場所まで無事にたどり着くために。急な腹痛や頭痛をしのぐ薬を買うために。自動販売機やコンビニがいくら普及しても、翻訳アプリの精度がどんなに上がっても、やはり日本語は日々の生活になくてはならない「道具」です。

一方で、日本での生活が少し落ち着いて「働く」環境が整ったとき、若い世代が「学業を継続したい」と思ったとき、目の前に立ちはだかるのもまた「日本語」です。就学期にある子どもたちも同様です。学校に通う権利は認められていますが、通学を始めたその日から「日本語」で学業に取り組まなければなりません。親たちも、子どもの教育に何かしら関わりたいと思えば、「日本語」の習得は避けては通れません。

そして、何より「日本語」には、人と人を結びつけるという大切な役割があります。日本語ができるようになることで、生活上の利便性が増すだけでなく、人とのやりとりが可能となり、社会とのつながりを実感して生きる活力を得ることができるのです。

❖難民と日本語学習の機会

現在、日本で難民認定された人びと、第三国定住事業で来日した難民の人

chapter 4 | 日本発・難民支援の新しい方法

びとに対しては、文化庁による定住支援事業の一環として、計572時間の集中日本語教育が実施されています。いわゆる日本語学校での日本語教育とは異なり、外国人として日本で生活していかなければならない難民の人びとに寄り添った、日本に定住していく際に必要な日本語を学ぶ場です。

大きな問題は、難民の人びとがこうした日本語学習を終えた後、それぞれが暮らす地域に移り、本当の意味での日本社会への定住生活を始めようとした際に生じます。日々の暮らしが始まると、母語では難なくこなせていたことも、日本語が不自由なために容易に対応できないことに気づきます。そして、日本語学習の必要性を痛感しつつも、気がつけば日々の生活に追われ「日本語を学ぶ時間」はなくなっているという状況もめずらしくありません。

そんなときに大きな力となるのは、日々出会う「ご近所さん」であり、「職場」であり、「子どもが通う小学校や中学校の人びと」です。難民の人びとの日本語学習を支えるのは「日本語学校」や「日本語教育機関」だけではなく、彼らとつながるすべての人や場所なのです。

難民の人びとの日本語学習は、日常生活を営みながら進めていかざるを得ません。たとえば、難解な回覧板にふりがながふってあったり、職場の人がわからない言葉を優しく教えてくれたり、学校の先生が大切なお知らせに目印をつけてくれたり、周囲の人びとが「わかりやすい日本語」で話そうとしてくれたりする。そんな小さな配慮の重なりが、彼らの日本語学習継続の意欲につながります。そして、そうした意欲をしっかりと受け止めてくれるのが「地域の日本語教室」です。そこはまさに「日本社会」の入り口です。

じつは、このような地域の力を借りているのは、国から難民認定をされた人びとだけではありません。難民認定をされず、在留特別許可によって日本での定住生活が始まった人びと、来日から間もない、日本語が不自由な難民申請中の人びともまた、地域の力に支えられています。

❖難民の人びとへの日本語教育は一様ではない

　社会福祉法人さぽうと21は、難民の人びとに対して、ボランティアによる日本語学習支援やパソコン習得支援などを行っています。私たちの学習支援室で学んだ、HさんとNさんのエピソードを紹介しましょう。

① 一人では外に出ようとしなかったHさん（20代）

　「Hさん、今日は一緒にスーパーに行きましょう」。英語にもアルファベットにもなじみのないHさんとの日本語学習は、翻訳アプリを通した心もとないやりとりで、教室で勉強したことを本当に理解してもらえたかどうか不安でした。そこで、思い切って一緒に街歩きをすることにしました。

　歩き始めてすぐに、なんともなく通り過ぎようとした美容院の前でHさんが立ち止まりました。「……なに？」と聞くので「びょういん」と答えると、髪の毛を切る仕草をしながらにこっと笑います。「びよーいん」「びよーいん」とくり返してメモを取ると、渡してあった語彙集のページを一生懸命めくり、何か言葉を探しています。探しあてたのは「いくら？」という言葉。はじめて見る、Hさんの生き生きとした表情でした。ご主人が一緒でなければ家から一歩も外に出ようとしなかったHさんですが、その後、少しずつ一人で外出できるようになり、どんどん行動範囲を広げています。

② 母国で日本語を学んでいたNさん（30代）

　「日本来て　みんなで食事　楽しいな」教室内の川柳コンテストのためにNさんが考えた川柳です。日本に滞在するご主人の呼び寄せでお子さん二人と来日し、数年ぶりに、念願の家族そろっての生活が始まったころでした。

　Nさんがさぽうと21に通い始めたのは、小学生の二人の子どもたちをさぽうと21に勉強に通わせるためでした。生真面目なNさんはコツコツと日本語の勉強を続けていましたが、二人の子どもを育てるためにはパートの

さぽうと21で日本語を学ぶ難民の人びとの書き初め「好きなこと・好きなもの」

仕事もしなければならず、仕事と家事と子育ての両立で疲れ切っていました。しかし、日本語教師をしているボランティアが、彼女の日本語学習を後押ししてくれました。来日から４年、Ｎさんは日本語能力試験のＮ２に見事合格し、自力で新しい仕事を探して転職しました。中学生になった子どもたちの担任の先生にも、あれこれ相談しているようです。頼もしいママとなったＮさんは、二人のお子さんと今も仲良く教室に通い続けています。

❖ 一人ひとりに合った日本語学習の支援を

二人の例からもわかるように、難民の人びとの日本語学習支援は一様ではありません。ある人にとっては最良の方法も、別のある人にとっては無意味な方法かもしれません。一人ひとりが置かれた環境を探りながら、必要としている、求めている日本語の学習に細やかに対応していく必要があります。

現在は、難民支援団体による日本語学習支援のかたちも多様化しつつあります。料理をつくりながら日本語学習ができる教室や、スカイプで日本語学習支援をしている教室、就労を前提とした早い段階での日本語集中学習の教室など、ニーズに合った教室を選べるようになってきています。

「難民の人びとへの日本語教育」を考えるとき、何か特別な学習のかたちがあるわけではありません。ただ、日本にも自国を逃れて他国に保護を求めざるを得なかった人びとがいること、何が起ころうと自国に帰ることも、自国の在日大使館に頼ることもできない状況にある人びとがいることを、ちょっとだけ心に留めておいてほしいと思います。そして、たまたま縁があって難民の人びとと出会い、日本語学習支援をする機会があったら、ともに学ぶ時間の中から「難民のこと」「平和のこと」をあらためて考え、その学びや想いを周りの人たちと共有してもらえればと思います。きっと、その先に難民の自立を促せる日本社会があると思うのです。　　　　（矢崎理恵）

column	
4	難民を「ビジネス」でサポートする試み

　1948 年に設立された国連パレスチナ難民救済事業機関（UNRWA）は、中東紛争により発生したパレスチナ難民に対し、教育・保健など基本的なサービスを提供する国際機関です。設立から約 70 年、UNRWA はパレスチナ難民にとって重要なサービスを実施し続けていますが、その活動を補完し、パレスチナ難民の雇用創出や起業を支援する日本企業・団体を紹介します。

　①「ガザ・アントレプレナー・チャレンジ」は、毎年パレスチナ・ガザ地区で公益性の高いビジネス・アイディアを持った起業家を選び、社会企業の育成を通じてガザ地区の状況・雇用を改善しようというプロジェクトです。2016 年から、本業を有する社会人・学生たちが立ち上げた一般社団法人ソーシャル・イノベーション・ワークスと UNRWA が共催で開催し、優勝者には日本研修の実施や関連する日本企業とのマッチングを行い、技術・経営面でも支援を行っています。2016 年の優勝者はグリーン・ケーキという団体で、瓦礫や灰を混合したコンクリートブロックをつくり、建設資機材の搬入が制限されるガザ地区の復興を促進する取り組みを提案しました。日本の株式会社 JM がコンクリートブロックの強度検査、配合や素材の提案といった技術支援を行っています。

　②株式会社モンスター・ラボは、ガザ地区とヨルダンに ICT のソフトウェア開発拠点を設立し、そこでパレスチナ難民・シリア難民・ヨルダン人を雇用することで、中東地域の社会的課題である雇用問題に対応し、地域発展の礎になるような事業展開をめざしています。UNRWA は事業立ち上げの準備段階から関わり、2018 年より、国際協力機構（JICA）による民間連携プロジェクトとして開始される予定です。

　ガザ地区のようなヒト・モノ・カネが動かない封鎖状況においては、区域外のマーケットへのアクセスが困難で、ICT の利点を生かした雇用創出の可能性が期待されています。また、ヨルダンにおいても ICT 産業が未成熟で、高い失業率という課題がある中、ICT 産業への期待は高まっています。

　シリア紛争ではいまだ混乱が続いていますが、同国が安定した暁には、ICT 産業に携わったシリア難民が帰還し同国の復興を担うことも期待されています。ガザ地区・シリア・ヨルダンのそれぞれの国・地域が抱える不安定な状況に影響される人びとを、ビジネスでサポートする試みの意義は大きいでしょう。＊本コラムは個人の意見で、所属機関の見解ではありません。（吉波佐希子）

第 5 章

身近なところから
知る・伝える・行動する

24

「いのちの持ち物けんさ」で 自分に気づこう

❖「難民問題を身近にするには？」

　私がこの問いに出合ったのは、大学1年生の冬でした。インターネットで偶然、国連UNHCR協会主催の「難民問題を身近にするには」というテーマの学生アイディアコンペの募集を見つけたのがきっかけです。

　これまでささやかな募金などはしていましたが、調べていくうちに、突然大切な日常や家族を奪われ、今も過酷な環境に置かれている人びとが世界中に多くいることをあらためて知りました。生まれる場所やタイミングなど自分の力ではどうすることもできない要因によって人生の可能性に大きな差が生じてしまう——同じ地球上で起きている出来事の理不尽さを痛感しました。

　実際の難民問題は、非常に深刻で複雑なものです。その現状は、知れば知るほど自分一人の力ではどうにもならないような気持ちになってしまいます。

　そこで、私は今回の問いを「人は経験したことのない痛みにどれだけ共感できるか」に置き換えてみることにしました。疑似体験など机上の空論にすぎないと思われるかもしれませんが、自分という存在を見つめ直すことで、できることは何かを考えるきっかけになればと思い、考えたのが「いのちの持ち物けんさ」ワークショップです。

❖「いのちの持ち物けんさ」を体験してみよう

　「いのちの持ち物けんさ」は、難民問題を頭だけでなく心で寄り添って考え、世界の一員としての「自分」という存在を見つめ、自分にできることを考えるワークショップです。準備するものは、次の3つです。
・付箋3色（赤・青・黄）／ A3の白い紙（1人1枚）、ペン
・難民問題を知ってもらうためのパネル、またはスライド
・自分と向き合う気持ち

chapter 5 　身近なところから
知る・伝える・行動する

　実際はグループワーク形式で行いますが、ここではその3つのステップを、順を追って解説します。
　① 自分自身のアイデンティティを見つめ直す――私は誰？
　まず、3色の付箋を使って、自分のアイデンティを構成する要素（自分を証明するもの、支えているものなど）を書き出す作業から始まります。
　・赤色：「あなたにとって替わりのないもの」（例：命、家族、友人など）
　・青色：「あなたにとって替わりのあるもの」（例：衣類、日用品など）
　・黄色：「あなたにとって赤色でも青色でもないもの（何色かわからないもの）」（例：国籍、社会的立場、名前など）
　なお、私たち全員が共通で持っているかけがえのないものとして、「いのち」を赤色の付箋に書いてから、ほかの要素を書き出していきます。
　すぐに書き出すことがむずかしい場合は、自分自身の1日をふり返って、自分を取り巻く環境や人びとを具体的に想像すると、考えやすくなるかもしれません。世界に1つだけのものになるよう、できるだけ具体的に書き出してください。書き出したすべての付箋をワークシートに貼ったものが、自分を証明する「いのちの持ち物けんさ」シートとなります（112ページ写真参照）。
　② 喪失の疑似体験
　「いのちの持ち物けんさ」シートが完成したら、次は喪失の疑似体験のステップに移ります。青色、黄色、赤色の順に付箋をはがし、裏面に貼り直します。各色の付箋に書き出したものがもしなくなったとしたら、状況は今とどのように変わり、どのような気持ちになるでしょうか。想像力を駆使して、直感的に浮かんできた感情や心境を自分の言葉で書き出してください。最終的には、最初に書いた「いのち」の付箋だけが残った状況を想像します。
　青色のものがなくなったとしたら、生活は一気に不便になるでしょう。世界中から送られる募金や支援物資がその替わりを担うことになりますが、自

「いのちの持ち物けんさ」シートの例
（実際はより具体的に書き出し、オリジナリティのあるものとなります）

分の好みやサイズに合ったものを選ぶことはできません。

　次に、黄色のものがなくなったとしたら、どうでしょうか。黄色には、社会的立場や国籍など社会との関わりを表す要素が書き出されることが多いです。別の安全な土地にたどり着くなどして、新しい社会で国籍などの替わりを得られる場合もありますが、そのためには長い年月を要すことが多く、仮に替わりを得たとしても、生まれ育った故郷の馴染みは戻りません。

　最後に、「いのち」以外の赤色――みなさんにとって替わりのないものがなくなったとしたら。その状況を考えることは簡単ではありません。

　ワークショップでは、ここで難民の人たちの声を収録した映像を上映します。映像を通して実際の難民の人たちの姿を見ると、想像するだけでは見えなかった現状や、「難民」と呼ばれる人びとが「難民」になる前には私たちと同じように学校に通ったり仕事をしたり、それぞれの「当たり前の暮らし」をしていたこと、多くを失ってもなお、人間には「生きる強さ」があり、その未来や夢、希望を奪うことは誰にもできないということに気づきます。

③ 自分への気づき

　これらを踏まえ、もう一度、最初に書き出した「いのちの持ち物けんさ」シートを見つめます。そこにある1枚1枚が、みなさんが今幸いにして持っているものです。ワークショップを始めたとき、ごく当たり前にとらえていた日常とは、少しちがって見えるのではないでしょうか。

　また、「いのち」の付箋だけが残された状況において、私たちと難民の人たちの間に差異はなく、ただ同じ地球上に生きる人間同士であるということにも気づかされます。だとすれば、私たちと難民の人たちとの間に差異を生み出しているものは何でしょうか。守られた環境にいる自分たちだからこそ、自分が持っているものを活かしてできることは何かを考えます。

| chapter 5 | 身近なところから知る・伝える・行動する

中学校で行われた「いのちの持ち物けんさ」
ワークショップの様子

❖「自分だからこそできること」

　これまで、たくさんの方々の協力により、約2700人の日本の中高生や大学生が「いのちの持ち物けんさ」を体験してきました。参加者は、付箋をはがしていくごとに「携帯電話がない生活なんて考えられない」「学校がなくなったら寂しい」「家族や友だちまで失ったら生きる気力をなくしてしまう」などと想像していきます。

　そのうえで、難民の現状を知り、「自分が持っている服を寄付したい」「自分は学校に通えているから、誰かの役に立てる人になれるよう勉強を頑張りたい」「得意のピアノで傷ついた難民の人を音楽で癒したい」など、自分の持ち物の大きさと可能性に気づき始めました。

　ワークショップを終えた参加者からは、「自分の中での難民が数字ではなく名前を持って生きる人になった」「今の自分の生活は当たり前のものではないと気づいた」「考えることで終わらずに行動することにつなげたいと思った」といった感想が寄せられています。

　「自分」という存在を突き詰めた先にはきっと、かけがえのない大切な人やものの存在が思い浮かんでくると思います。書き出した付箋だけでは足りないたくさんの人びとやものに支えられてはじめて、「世界にたった一人の自分」という存在が成り立っていることに気づかされます。それは、私たちがこの世界で自分にできることを見つける原動力となるはずです。

　今後も「想像力を使って思いを寄せることで、世界の一員としてできることは必ずある」と気づくきっかけを、より多くの人びとと分かち合いたいと願っています。「与えられた環境を世界や誰かのためにどう活かせるか」と考えることで、私たちはどんな職業、どんな立場にいたとしても、人生をより豊かなものにすることができるのではないでしょうか。　　　（松下真央）

25

「チャリティランナー」に 参加して難民を支援する

❖「チャリティランナー」と東京マラソン

2017年2月26日、私は人生ではじめてフルマラソンを完走しました。

毎年この時期に東京で行われる東京マラソンには「チャリティランナー」というエントリーの方法があり、これに応募したのです（116ページ図参照）。自分が選んだ寄付先団体に10万円以上の寄付をすることで、大会に出走する資格を得ることができます。マラソンを通じてチャリティ活動を発信するという趣旨ですが、10万円以上の寄付金は自分で全額を出してもよいし、クラウドファンディングで寄付を呼びかけることもできます。

東京マラソンは2007年に始まり、今年で12年目を迎えます。そして、2011大会からチャリティ制度が始まり、「走れる幸せを誰かの幸せにつなげよう」というコンセプトのもと、マラソンを通じてスポーツ振興・環境保全・世界の難民支援・難病の子どもたちへのサポートといった社会貢献について考えるきっかけを届け、ランナー一人ひとりのハートと社会をつなげていきたい。そんな願いを込めて運営されています。

2017大会のチャリティランナー制度では、私が所属している国連UNHCR協会を含む15団体が寄付先団体となっており、総額3億1301万5238円の寄付が集まったとされています。チャリティランナーの定員は3000人で、個人のほか、法人寄付のもと参加する社員ランナーや寄付集めをして参加する学生グループなど、大勢がエントリーしました。

❖寄付金の行方　国連UNHCR協会の場合

国連難民高等弁務官事務所（UNHCR）は、世界中の難民を支援する国連の難民支援の専門機関です。1950年に創立され、世界約130カ国に事務所があります。各地の事務所では、難民の保護・支援のほか、政府への政策提

chapter 5 | 身近なところから 知る・伝える・行動する

言などを行っています。

　このUNHCRの日本の公式支援窓口であり、日本国内でのUNHCRの広報・募金活動を行う団体として、国連UNHCR協会があります。協会では主に企業・団体への現金や製品・サービスを通じたご支援のお願いや、個人の方への街頭でのキャンペーン、WEB、お手紙などを通じたご支援のお願いなどの活動を行っています。2017年のチャリティランナー制度では、約200名もの方々が指定寄付先団体として選んでくださり、2113万8000円の寄付を受け取りました。この支援金は、難民の命を守るテントの購入費・設置のために使わせていただいております。

　世界には、紛争や迫害などで故郷を追われ、避難生活を余儀なくされている難民や国内避難民が約6560万人もいます。多くの人びとは何日もの間、水も食糧も不十分な状況の中、命からがら逃げてきます。UNHCRは保護を求めて逃れてきた人びとの命を守るために、素早くテントを設置し、避難生活を支えます。チャリティランナーのみなさまからのご支援は、このようなかたちで多くの人びとの命を守る支援につながっています。

　業務の性質上、サービスや製品を提供できないため、ご寄付いただいた資金がどのように難民支援に使われているかは広報誌などを通じて説明していますが、職員が難民支援に全力を尽くしていることをなんとかお伝えしたいと思い立ち、締切の直前にエントリーを決めたのでした。

❖ 難民の学生と一緒に走る

　東京マラソン2017では、16年7月にエントリーが開始し、私が参加を決意した日には締切が翌日に迫っていました。クラウドファンディングをするひまもなく、とにかく10万円を振り込み、それから家族や友人・知人、同僚に寄付をお願いしてまわりました。

◆東京マラソンのチャリティランナーのしくみ（2018大会時）

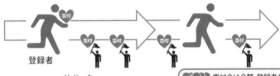

チャレンジを説明する行動も含めて、チャリティランナーに参加する醍醐味があると思います。寄付集めはたいへんでしたが、友人の家族など思いもよらぬ人が私のチャレンジを応援してくれ、とても感激しました。

他人に寄付を募っていなければ、欠場してもリタイアしても自分の責任ですが、人の支援や期待を担って走るならばそうはいかないのです。当日までは体調管理や練習などで大きなプレッシャーを感じます。しかし、完走できたらそれこそが大きな喜びとなるだろう、みんなの期待に応えて有言実行やってのけたときの快感はそうそう日常では味わえない種類のものだろうという予感と、チャリティの意義を多くの人が知ってくれるきっかけになればという想いが、私を支えてくれました。

何よりも心の支えとなったのは、一緒に走る仲間の存在でした。学生の難民支援団体が自らチャリティランナーとして参加する企画を立ち上げ、日本に暮らす難民学生もランナーとして一緒に走りました。ほとんど全員がはじめてのフルマラソンでしたが、何度も一緒に練習をし、大会当日も互いに励まし合い、支え合いながら走り、最後は肩を組んで全員が同時にフィニッシュしました。一人では絶対に味わうことのできない、貴重な経験でした。

一緒に走った難民学生のランナーたちは、それぞれにさまざまな思いを抱えて走っていました。中でも印象的だったのは、「難民である自分たちが走ることで、日本の人たちに、もっと難民問題を知ってほしい、また日本にも難民はいるということを伝えたい」というひと言でした。

日本に難民が暮らしていることは、あまり多くの人びとには知られていません。自分が難民であることを知られると、周囲の人の接し方が変わってしまったという経験をした学生もおり、積極的には難民であることを明かしていないというケースも少なからずあります。それでも、堂々と自分のバックグラウンドを明かしてマラソンに挑む彼らの姿勢からは、同世代だったとき

| chapter 5 | 身近なところから知る・伝える・行動する |

2018年の東京マラソンで一緒に走った難民学生たちとランニングチームのメンバー
© 東京マラソン財団

の自分とは比べ物にならないほどの力強さを感じました。

　ある難民学生は、「自分の日本でのふるまいで、日本人の難民へのイメージが変わると思っています。だから、日本ではいつも難民の代表のつもりで過ごしています」と言っていました。彼らが日々、強く、まっすぐ未来を見据えて日本で生活している姿が、こうした機会に多くの方に伝わればと願っています。

❖ あなたのチャレンジが難民支援につながる

　チャリティマラソンは寄付集めも、走るのもたいへんですが、だからこそ感動のフィニッシュが待っています。最終コーナーを曲がり、フィニッシュまでの一本道に飛び込んだときの景色、一緒に走った学生団体のみんなと肩を組んでいっせいにフィニッシュした感動、沿道の人たちとハイタッチをやりすぎた手のひらの痛み、何もかもが鮮明に記憶に焼きついています。

　普段マラソンを走り慣れている人も、「誰かのために走る」という経験をしたことがある人はそう多くはないと思います。チャレンジが、難民の命を救うことになる。こんなに素晴らしいことはありません。2017年に続き、2018年もチャリティランナーとして出走し、無事完走しました。何度でも挑戦する価値が、チャリティランナーにはあります。

　人生には、最良の日と思える日が何度かあります。結婚式や大学に合格した日、仕事で大成功をした日。チャリティランナーとして走った経験は、そんな人生の大切な1日の1つになりました。

　難民を救う活動を社会に広め、その存在を近くに感じてもらうためにマラソンという手段でアクションを起こす。「寄付をする」「現地に行く」だけではない援助の仕方があることを多くの人に知ってもらい、経験していただきたいと思っています。

（鳥井淳司）

26

世界の難民速報は
「難民ナウ！」

❖「難民ナウ！」の誕生

「難民ナウ！」は、2004年に京都で設立された、情報発信を通して難民支援に取り組む市民団体です。主な活動として、京都市中京区にあるコミュニティラジオ局・京都コミュニティ放送（通称・京都三条ラジオカフェ、FM79.7MHz）で、「難民問題を天気予報のように」をコンセプトにした同名の番組を制作しています。また、日本で暮らす難民という立場に置かれた人、難民を支えようとする人にインタビューを行っています。

支えようとする人というのは、国連の職員やNGOのスタッフ、弁護士、研究者、企業のCSR部門担当者、映画監督、写真家、アーティスト、そして大学生や中高生など多様な人たちです。これまでに600名を超える人に話を聞いてきました。

この番組をつくった理由は、私の2つの経験と深くつながっています。

1つは「お笑い」です。私は子どものころからお笑いが大好きで、会社員になったものの夢が捨てられず、お笑いの道へと進みました。5年を目処に続けるか／辞めるかを決める基準（劇団内の役割など）を設け、5年後、その基準に達していなかったので辞めました。それは深い心の傷になりました。そこで、新たに打ち込めることを探し始めました。

もう1つは、阪神・淡路大震災です。震災が起きたとき、多くの大学生が現地へ駆けつけました。「ボランティア元年」と呼ばれるほど、ボランティアという言葉が多くの人に認知されました。私も現地に行きたいと思いながら、人見知りな性格が災いし、その輪の中に入っていくことができませんでした。後になって、できることがあったのではと思うようになりました。

この2つの経験が、「地雷」を通して結びついたのです。ある本を読んで、地雷というものが、被害者だけでなく、その世話をする人も含めて敵の勢力

chapter 5 　身近なところから知る・伝える・行動する

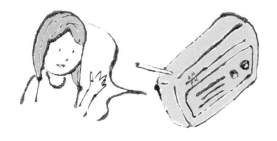

を減らすために、あえて命を奪わない程度に火薬の量を調節すること、なかには人形や花のかたちをしたものをつくり、子どもまで狙うことを知りました。お笑いは人を元気にするすばらしいものです。しかし、世の中には笑おうにも笑えない、不条理なことの犠牲になっている人たちがいると知って、こうした分野に関わりたいと思うようになりました。

UNHCRの代表だった緒方貞子さんが、「難民の命を救う」という原理に基づき行動する姿に感銘を受け、難民支援に関わりたいと思いました。緒方さんの活動を通して、「メディアの役割」「持続的な関わり」の重要性を知り、この2つのキーワードから、天気予報のようにくり返し難民問題を伝え続ける「難民ナウ！」を思いついたのです。

私たちの日常生活の中で、難民という言葉が身近になれば、今までは見過ごしていた募金箱に目が向いたり、自分にできることを探したりする人が増えるのではないかと考えたのです。「最近、スーダンがたいへんなことになってるね」「アフガニスタンで難民の帰還が進んでるみたいだね」。遠くの難民問題に対して、そんな会話が何気なく交わされるようなコミュニティなら、たとえばDVや児童虐待など、そのコミュニティ自体が抱える問題にも深く関われるだろう、そんな願いも込めていました。

❖「難民ナウ！」がめざすもの

ちょうどそのころ、私が暮らしていた町に、1分間500円で誰でも番組がつくれるという京都三条ラジオカフェが生まれました。局の人に相談したところ、「面白い。難民問題だけを扱うなんて大きなメディアではなかなかできないことですよ」と背中を押してもらいました。UNHCRの人にも「メディアを通した難民支援というのはこれまでありませんでした。情報提供だけではなく、ぜひいろいろ協力しながらやっていきましょう」と言ってもら

◆「難民ナウ!」が情報を届けるイメージ 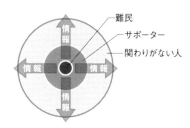 ◆情報を得た人の変化を表すイメージ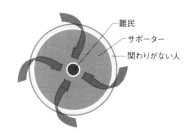

いました。こうして2004年2月、番組を始めることとなりました。

 はじめは3分間の番組でした。たとえば、スーダンで発生した難民の数を京都の学生数と比較するなど、地元の人が身近なこととして受け止めやすいように工夫していました。ある日、日本で難民として暮らす人のインタビューを放送したところ、「やっぱり、本人の声は胸に迫る」という声がたくさん寄せられ、インタビュー中心の番組になりました。ただ、3分間だとインタビューに限界があるため、6分間の番組になりました。

 「難民ナウ!」は、どんな人に情報を届けたいと思っているでしょうか。

 私たちは、難民を取り巻く社会を同心円でとらえています〈左上図参照〉。中心にいるのは難民です。それを取り巻くように難民を支えようとする人たち(サポーター)がいて、さらに外側に圧倒的に多くの難民に関わりのない人たちがいます。中心から離れるほど、関心の度合いも小さくなります。

 少し唐突ですが、これをお風呂にたとえると、難民が直面する困難やサポーターの専門性は、時に触ることができないほど〈熱い〉ものといえます。「難民ナウ!」は、今まで関わりのなかった人たちに情報をくり返し届けることでお湯の温度を下げ、誰でも入れるようにすること、言い換えれば、関心を持って行動を起こす人を増やしていくことを目的としています〈右上図参照〉。

❖なぜ「正しく」知ることが大切か

 このような取り組みを続けているうち、あっという間に14年が経ちました。番組を始めたころと大きく変わったことが2つあります。1つは、難民や避難民の数です。2004年当時、それは2000万人近いという表現でした。今では6560万人といわれています。もう1つは排外的な声の存在です。社会的少数者に排外的な態度をとる人は以前から存在しましたが、そうした人が公然と声を上げ、社会の問題として認められるようになったのは、つい最

chapter 5　身近なところから知る・伝える・行動する

「難民ナウ!」の収録風景

近のことです。とくに日本の奇妙な点は、ほとんどの人が実際には会ったことのない難民に対して、排外的な声を上げる点です。こうした態度はどこからやってくるのでしょうか。

　みなさんは、暗い部屋で「誰かいる!」と驚いて、恐る恐る近づいてみると、マネキンだったというような経験はありませんか。知らないものに対する恐怖心は無限に大きくなります。そして、その恐怖心は人影（じつはマネキン）と距離をとり、自分を守ろうとします。排外的な声を上げる人は論外ですが、黙ってはいるけれど、心の奥底で同様の思いを持つ人たちも、じつはこの「よくわからない」ということからくる恐怖心に影響を受けていると思います。言い換えれば、正しく知ることは、恐怖心と、恐怖心が生み出す排外的な態度を克服していく手段の1つといえるでしょう。

　難民の数が爆発的に増え、よく知らないまま排外的な声を上げる人が現れる中で、情報を正しく伝えていくことが切実に求められています。ネットが普及し、情報の洪水の中に生きる私たちは、自分の好む情報を切り取りながら、じつは偏った情報に囲まれて暮らすという矛盾を抱えています。だからこそ、難民問題を正しく知ってほしいと思う人が、多様な場所で、多様な声を上げる必要があるのではないでしょうか。

　この本を手に取ったみなさんが、身近なところから伝え始めれば、難民を取り巻く環境は大きく変化するはずです。具体的なアクションを2つ提案します。1つは、この本を読んで感じたことや、こんなことができるのではないかというアイディアを、「難民ナウ!」で話してみませんか？　そして、もう1つ。「難民ナウ!」の活動に参加してみませんか？　京都以外でも一緒に難民問題を発信する人を募集しています。できる範囲でかまいません。正しく知る人が増えるためには、発信する人が必要です。ぜひ、みなさんに、その一人になってほしいと思います。

（宗田勝也）

27

難民キャンプに
絵本を送ろう

❖なぜ難民問題で絵本なのか？

　食糧配給、医療、教育などさまざまな支援のニーズがある難民キャンプで、なぜ絵本なのか？　まず、私たちが絵本、とくに母語で書かれた絵本を難民キャンプに届ける活動を行っている背景についてお話しします。

　1981年に設立された公益社団法人シャンティ国際ボランティア会（以下、シャンティ）は、難民支援を活動の原点として始まりました。当時タイに流入したカンボジア難民の支援活動に始まり、現在はミャンマー（ビルマ）難民やアフガニスタン帰還民などへの支援活動を実施しています。

　シャンティは、難民への支援活動にあたり、どの現場でも共通して「文化的アイデンティティの喪失の危機」が、難民が抱える大きな課題であるととらえています。アイデンティティとは、自分自身の拠りどころであり、自分の所属や自分が何者であるかを認識させるものです。紛争や迫害などを理由に自国を追われた人びとは、まったく新しい土地で生活せざるを得ない中で、自分たちが大切に培い、慣れ親しんできた文化を失うおそれがあります。人は、最低限の衣食住さえ満たされれば、それで人間らしく生きていけるかというと、そうではありません。難民キャンプの中でも、「人としての尊厳」を持って生きていくためには、この文化的アイデンティティをしっかり心に刻むことが大切だと、私たちは考えていました。

　シャンティでは、2000年からタイ国境にある9カ所のミャンマー（ビルマ）難民キャンプで、図書館運営支援を中心とした教育・文化支援活動を実施しています。図書館を活動の柱としているのは、難民となって失うおそれのある文化的アイデンティティを形成する1つが「母語」であり、図書を通した支援が「母語」の維持につながると考えたからです。

　ミャンマー（ビルマ）難民キャンプに住む人びとの約8割はカレン民族で

chapter 5 　身近なところから知る・伝える・行動する

す。私たちが活動を始めた当初、難民キャンプの中に、彼らの母語であるカレン語で書かれた図書はほとんどありませんでした。子どもたちは、学校で使う教科書でカレン語を読むことはできましたが、それ以外に母語で読むことのできる図書は限られており、とくに幼い子どもでも読める絵本はまったくありませんでした。当時ミャンマーでは、絵本そのものがほとんど出版されておらず、国内から購入することもできませんでした。

こうした状況の中で、シャンティが始めたのは、彼らが語り継いできた昔話や民話を集めて、母語であるカレン語、そしてミャンマー国内の共通語であるビルマ語で書かれた絵本を出版することでした。難民キャンプに住む高齢者から昔話や民話を聞き取り、1つひとつ文字に起こし、難民キャンプの中で絵を描くことが得意な人に、お話にあわせて絵を描いてもらい、編集・印刷を経て、ようやく1冊の絵本が完成しました。

図書館活動を開始した当初は絵本の数が限られており、あっという間に読んでしまった子どもたちから、もっとお話を聞かせてほしいと毎日リクエストが舞い込んできました。図書館員が絵本以外の昔話を口頭で話しても、要求は止まりません。普段、難民キャンプという限られた環境で生活している子どもたちにとって、図書館の中だけは自由で、お話を通してたくさんのことを学び、想像をふくらませることができるのです。絵本を読み始めて生まれた好奇心はどんどん大きくなっていき、そうした中で、より種類豊富な、子どもたちの成長過程にあわせた絵本が必要になり、児童書出版が進んでいる日本から、彼らの母語の翻訳シールを貼り付けた日本の絵本を難民キャンプへ届ける「絵本を届ける運動」へとつながっていきました。

❖「絵本を届ける運動」とは？

1999年からシャンティが実施している「絵本を届ける運動」は、これま

絵本にシール貼りをしている様子(『ガンピーさんのふなあそび』ほるぷ出版)

でタイ、カンボジア、ラオス、アフガニスタン、ミャンマーなどに、のべ29万冊の絵本を届けてきました。ミャンマー(ビルマ)難民キャンプには、年に1回、約10タイトル、合計約3500〜5000冊の絵本が届きます。

　難民キャンプに絵本が届くまでには長い道のりがあります。まず、難民キャンプの子どもたちに合った絵本を選び、各絵本の出版社から著作権の許可を得て現地語に翻訳します。次に、翻訳シールを作成して日本語の上から貼り付け、貼り付けが終わった絵本をシャンティの東京事務所に届けます。届いた絵本は1冊ずつ、シールの貼り間違いやずれがないか確認し、貼り間違いなどがあればシールを貼り直す、下の文字を削るなど丁寧な修正を行います。こうして箱詰めされた絵本は年に1回、タイに船便で郵送されます。

　タイに到着後は、港から現地事務所まで大型トラックで移動し、到着したら、何十箱にもなる絵本を事務所の中に運び込みます。その後、現地事務所で、子どもたちがはがさないように翻訳シールの上から保護用ステッカーを貼り付け、各図書館や学校ごとに絵本を振り分けて袋詰めし、ようやく難民キャンプへ出発します。車が入れない場所にある図書館には人の手で運ばれます。絵本の選定から現地に届くまで、約2年の歳月がかかります。

　日本で絵本に翻訳シールを貼り付ける活動には、シャンティの東京事務所だけでなく、全国各地で毎年1000人を超える個人、200を超える企業・団体・学校などが参加しています。子どもから高齢者まで誰でも簡単に、楽しくできる活動です。絵本のお話を楽しみながら、カレン語やビルマ語を学ぶ、そして、難民キャンプの子どもたちが絵本を読む姿を想像しながら、1枚ずつ翻訳シールを貼ることが難民支援につながっています。

❖ 難民キャンプの子どもたちの反応

　長い道のりを経て日本から届く絵本を、難民キャンプの子どもたちは毎年

chapter 5 　身近なところから　知る・伝える・行動する

絵本の読み聞かせを楽しむ子どもたち

絵本が大好きな子どもたち

楽しみに待っています。難民キャンプの図書館には、毎日たくさんの子どもたちが来て、友だちとおしゃべりをしながら、一人でじっくり絵を見ながら、それぞれに絵本を楽しんでいます。また、図書館員が毎日読み聞かせをしているので、文字が読めない子どもたちや目が見えない子どもたちもお話を楽しむことができます。耳が聞こえない子どもたちも、特別支援学校の先生のサポートを受けながら、手話でお話をしている姿を見かけます。

日本から届く絵本の中には、日本の昔話や日本独自の野菜や果物が出てくることもありますが、絵本自体のテーマは普遍的で、難民キャンプの子どもたちも十分に理解できます。何よりも絵本の楽しみ方は十人十色。鬼が出てくる怖いお話で笑いが起きたり、大きなブタが出てくる絵本を読んで、とても美味しそう！　と喜ぶ子どももいたりします。また、お話の中で悪さをするトラに怒ったり、家族や友人の愛や優しさにふれて涙を流したり、子どもたちの想像力、そして感受性は無限大です。それぞれの子どもたちが、お話の中でさまざまな「体験」をして、感動することを覚えます。

現在、ミャンマー（ビルマ）難民キャンプでは、国際支援が年々減少し、食糧配給、医療、教育などのさまざまな社会サービスの削減も続いています。近年、難民の帰還が始まっていますが、帰還地の安全性、土地の確保、生計手段、公共サービスへのアクセスなど不透明な部分が多く、まだ帰還を希望する人びとは少ない状況です。将来が見えない中で、難民キャンプ内での生活が厳しくなり、多くの人びとがストレスや不安を抱えています。

しかし、こうした厳しい環境でも、子どもたちは育っていきます。

難民キャンプではさまざまな支援が必要とされていますが、母語で書かれた絵本を通した感動体験は、子どもたち自身の興味や関心を広げ、希望を生み、文化的アイデンティティを心に刻み、自分を肯定して、未来を切り開いていく力を生み出すと、私たちは確信しています。　　　　　　　（菊池礼乃）

28

ネイルをして
難民支援に参加する？

❖「日本に難民なんているんですか？」

　2009年に起業をしたとき、正直私は「難民を支援したい」という考えはまったくありませんでした。というのも、日本に難民の人びとが暮らしていることさえ知らなかったのです。友人から、REN（NPO法人難民自立支援ネットワーク）理事長の石谷尚子さんを紹介されたときには、日本の難民事情を知らず「日本に難民なんているんですか？」と聞いてしまったほどです。

　RENは、難民の人びとにビーズアクセサリーのつくり方を教え、それを販売し、その報酬を支払っていました。見せてもらったアクセサリーはとても精巧につくられており、「これだけ手先が器用だったら、ネイルもできるのではないかしら」と閃いたのです。私自身もネイルが大好きで、ネイルサロンに通ったり、趣味で自身でもやったりしていました。ビジネスとしても関心を持っており、すぐに「ネイル事業はよいかも！」と思ったのです。

❖ 難民ネイルサロンの開店

　私は、「難民にネイル技術を教え、ネイリストに育成し、ネイルサロンを開店する」というプロセスをいかに実行するか、具体的に考え始めました。

　まず、プロのネイリストを講師として雇うことを考えましたが、何カ月雇うことになるかもわからず、それなら自分でネイル技術を覚えたほうが安上がりで、ネイリスト側の気持ちも理解できるのではないかと判断し、私自身がネイル技術を習得するためにネイルスクールに通うことにしました。内心では「これを機会にネイルスクールに通える！」と喜んでいました。

　2カ月間でネイル施術をマスターし、2010年2月から難民の人たちへのネイル研修を始めました。研修の定員は8名にしたのですが、事前の研修説明会に20名以上が集まり、そのまま全員で研修を始めることにしました。研

chapter 5 　身近なところから知る・伝える・行動する

修は無料で、交通費は個人の負担です。ほとんどが女性でした。

　研修をしてみると、「なぜ、マニキュアが爪からはみ出してはダメなのか」など、基本的なことが感覚的に理解できないようで苦労していました。こちらが注意し続けると、「Don't worry！」「ダイジョウブ！」などと言い返してくるので、難民の人びとが日本でネイリストとして仕事をするのは、相当に困難だと痛感しました。

　また、自分の意思とは異なる人生を歩まざるを得なくなった難民の人びとは、はじめ、すべてのことに受け身で、夢や希望もなく、主体性もほとんどありませんでした。民主主義の日本では、自身が努力すれば、収入を増やし、生活を改善することができます。私は「私があなたのLifeを変えるのではない。あなたがあなたのLifeを変えるのよ」と、彼女たちに言い続けました。

　結局、研修は3週間の予定が3カ月になり、最もネイルが上手だった3人をプロとして選び、2010年5月15日、難民ネイリストによるネイルサロン「アルーシャ」を開店しました。

❖ 「アルーシャ」で働く難民ネイリストたち

　アルーシャで長年活躍しているミャンマー出身ネイリストのノンノンは、20年以上前に来日しました。当時ミャンマーでは大規模な民主化運動が起き、多くの人びとが国外に逃れ難民となりました。彼女もその1人です。手先が器用な彼女は、ミャンマーではミシンで衣服をつくって販売し、食事をする間もないほど注文が来る人気ぶりだったそうです。このように、多くの難民の人びとには祖国での平和な日常がありました。それが突然、他国に逃げざるを得ない状況に一変することを、私たちは想像できるでしょうか。

　また、日本にいる難民の人びとは、飲食店のアルバイトなどで生計を立てていることが多く、ネイリストのような美容接客業に就く人はほとんどいま

難民ネイリスト・ノンノンによる
ネイル施術

せん。彼女たちも今回がはじめてです。仕事を通じて日本人に面と向かって「ありがとう」と言われたことがなく、はじめは戸惑っていましたが、徐々にそれが大きな喜びと自信になっていったようです。

現在は、海外に移住して現地でネイルをしていたり、孤児にネイル研修をしたりしている元ネイリストもいます。手に職をつけることは簡単ではありませんが、習得した技術は世界のどこでも活きるのだと教えられました。

一方で、アルーシャの来店者は99％が日本人ですが、日本人の喜ぶサービスを身につけさせることは非常に困難でした。日本人の多くは美容院などのさまざまなサービスを受ける際、もし不快なことがあっても、その場ですぐ担当者に「不快だ。こうしてほしい」と要望することはあまりないため、外国人は「お客さまは何も言わなかった。喜んで帰った。でもリピートしてくれない」と悩むこともありました。「どうしてその場で言ってくれないのか」と不思議だったようです。

お互いに、さまざまな点で理解し合えないことや感覚のちがいが大きくありましたが、気持ちの通うところを増やし、そのハードルをゆっくり越えていけば、コミュニケーションは可能になることがわかりました。

❖ 難民支援の次のステップに向けて

この本を手に取ったみなさんは、すでに難民支援への第一歩を踏み出しています。ただ、「ボランティア活動」を「すごい」「立派」「たいへんそう」などと思うことで、次のステップに踏み出せずにいる人もいるかもしれません。しかし、身構える必要はありません。まずは、NPO主催のイベントなどに、あまりむずかしく考えすぎず、楽しみながら参加してみるとよいと思います。「他人事」だった難民問題を、少しずつ「自分だったらどうするか、どう感じるか」と「自分事」として想像できるようになります。

| chapter **5** | 身近なところから |
| | 知る・伝える・行動する |

＊参考資料：『ハフポスト日本版』「『日本に難民なんているんですか？』その程度の認識でした」(http://www.huffingtonpost.jp/my-eyes-tokyo/refugee-japan_b_5492579.html)

　ほかにも、宣伝になってしまいますが、ネイルを通じて難民とリアルトークをすることもおすすめです。難民ネイルサロンが「会えるアイドル」ならぬ「会える難民」という機会の提供、社会問題提起の場となれば幸いです。

　誰かのために何か行動を起こすことは、消耗することではありません。むしろ逆で、非常に多くの学びがあり、心を揺さぶられる感動体験があります。私自身、実際に難民支援に携わってから得ることがたくさんあり、人生が豊かになっていると感じています。「情けは人のためならず」です。「何かよいことがあるかも」と期待して支援活動に参加することでも、行動しないより何倍もよいと思います。行動した人にしか見えない景色がありますから。

　熱心な人たちからは、「ビジネスで難民支援をしたい」「社会起業家になりたい」との相談を受けることもあります。中には「やはりヒト・モノ・カネが必要ですよね。交流会に参加して人脈を広げています」という積極的な人もいますが、私は最も大切なことは「決断すること」だと思います。

　いきなり全財産を捧げるようなことではなく、できるところから行動に移していくことをおすすめします。「こういうやり方なら事業は成功する」という正解はありません。「私はこれをやる！　成し遂げる！」と決めれば、自ずと運命は動き出します。どこか逃げ腰で、うまくいかない言い訳ばかりを考えていてはむずかしいです。意気込みのある方は、ぜひ「自身にコミット」し、達成してください。難民との共生社会をめざしていきましょう。

　アインシュタインの言葉に「寛容であるということは、他者の行動や気持ちに無関心でいるということではありません」とあります。物質的に満たされた日本で生活している私たちに、今、他者への寛大さが試されているように感じます。自身も他者も同様に大切にすること。差別や無視をすることなくたすけ合い生きること。一人ひとりの「人間としての真価」が問われる、最も困難な課題に私たちは直面しているのでしょう。　　　　（岩瀬香奈子）

29

若者たちが主導する難民支援

❖「普段着の難民支援」

J-FUN ユースは、UNHCR のユースパートナーとして、「UNHCR ユース」という名前で 2007 年に設立され、その後 2009 年に「J-FUN ユース」と改称して活動を続けています。

J-FUN（Japan Forum for UNHCR and NGOs ＝日本 UNHCR・NGO 評議会）は、難民保護と人道支援に従事する団体が自由に参加できる開かれた集まりで、さまざまな NGO・NPO が参加しています。J-FUN ユースは、J-FUN の一員として、国連や NGO 団体などの専門的な団体と連携して、学生だからこそできる難民支援を行っています。

J-FUN ユースは、「普段着の難民支援」を目標に掲げ、設立されました。この言葉には、難民支援に携わるのは、「スーツ」を着て国際機関や政府機関で働く人たちや、「作業着」を着て紛争現場や難民キャンプの最前線で働く人たちだけではなく、この日本社会に「普段着」で生活する一人ひとりにできることがある、という思いが込められています。

❖「知る」「つながる」「行動する」の３つの活動

難民の人たちが、故郷を離れ新たな土地で生活を再び営んでいくためには、その地域、その街に暮らす「普段着」の私たちが、彼らを歓迎し、支えることが不可欠です。まず、彼らのことを「知る」こと、身近な友人・知人としてともに過ごし「つながる」こと、彼らの生活を支えるために、学習支援や職業支援、寄付や文化交流といったかたちで「行動する」ことなど、さまざまな方法で彼らを支えることができます。そうした日常に根ざした「普段着」の活動を増やしていくことこそが、日本にとって難民の存在を身近にしていくうえで重要だと、私たちは考えています。

130

chapter 5 　身近なところから知る・伝える・行動する

　現在、設立から10年が経過し、のべ200名以上の学生が関わる団体へと成長しました。また、国連やNGOだけでなく、学生の行動力や柔軟な感性を活かして、芸能人やアーティスト、メディアや企業といったさまざまな立場の人たちと連携した企画も手がけてきました。

　J-FUN ユースが「知る」「つながる」「行動する」の3つを軸に行ってきた、主な活動を紹介しましょう。

　① 「知る」

　RASC（Refugee Aid Study Club）という勉強会を中心に、難民や難民を取り巻く実情を知るためのさまざまな機会を設けています。難民が置かれている状況を理解し、想像するということは、難民の存在を身近に感じ、自分にできることは何かを考えるきっかけとして、とても重要です。大学のゼミさながらに、難民に関する調査活動、勉強会やディスカッションを企画したり、ゲストスピーカーを招いた講演会を行ったりしています。

　② 「つながる」

　難民の方とつながることはもちろん、難民支援に携わる国連機関、NGO・NPO、企業、地方行政、市民とのつながりを大切にしています。学生という立場を活かしてつながりのハブとなり、自分たちもつながり・つなげる、というコンセプトを実行しています。たとえば、難民支援協会（JAR）とのコラボレーションで実施した「Café de NAMMIN」（カフェ・ド・ナンミン）という企画では、気軽に参加できるカフェという空間で、日本で生活している難民の人びとと交流する機会をつくりました。

　③ 「行動する」

　難民支援を日本に定着させていくためには、広く社会に向けてメッセージを発信し、多くの人たちを巻き込むことが大切です。知る・つながるを通して学んだこと、できたつながりから、プロジェクトメンバーで議論を重ねな

Café de NAMMIN の様子

がら、さまざまな企画が行われています。

❖ ファッションショーと「学習支援」プロジェクト

 2013年に原宿のファッションビル「ラフォーレ原宿」で「WHY BLUE?」というファッションショーを行いました。「深刻な難民問題をわかりやすく楽しく知り、身近に感じてもらいたい」という発想からプロジェクトを立ち上げ、そこから生まれたのは「ファッション」という切り口で、難民問題と私たちの暮らしをつなげるというアイディアでした。

 平和の象徴色である「青」を基調に、さまざまな国の民族衣装をモチーフにしたファッションショーが企画されました。選ばれた民族衣装は、難民が発生している国のものにかぎらず、その難民を受け入れている国、「第三国定住」というかたちで難民を受け入れている国(ここには日本も含まれます)、つまり難民問題・難民支援に関わる国ぐにの民族衣装でした。

 服飾の専門学生が衣装をつくり、それぞれの国を担当するモデルがさっそうとランウェイを歩く姿を見ながら、来場者の方々は、難民と関わる国ぐにの多様な文化を体感するとともに、難民の発生原因となるさまざまな社会問題を提起しました。600名以上の方が来場し、多数のメディアにも取り上げられました。

 日本に住む難民2世の子どもたちの学習サポートを継続的に行う「学習支援」プロジェクトもあります。日本語が得意でない保護者の、子どもの宿題を見る負担を軽減すること、子どもや親が抱える進学についての悩みを解消することを目的に始まりました。

 毎週土曜日にある学習教室には、幼児から高校生まで幅広い世代の難民の子どもたちがやってきました。ユースのメンバーが宿題を見たり、わからないところを教えたり、進路相談に乗ったりしています。

chapter **5** 　身近なところから知る・伝える・行動する

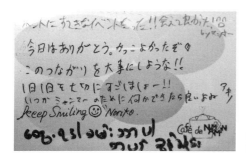

Café de NAMMIN で参加者同士が書き合ったメッセージカード

　難民2世の子どもたちにとって、学生は年齢が近いぶん、お兄さん・お姉さんのような感覚で接することができ、コミュニケーションをとりやすい部分もあるのだろうと思います。はじめはお互いに緊張していましたが、だんだんと打ち解けて、笑い声が飛び交うようになりました。

　ある女の子が、計算ドリルに取り組んでいたときのことです。その子は、ドリルの裏に書いてある自分の名前を、学生のメンバーから必死に隠そうとしていました。カタカナの名前を見られたくなかったのです。ほかの子たちとのちょっとしたちがいを意識し、「隠したい」という気持ちがあるのです。まだまだ、日本社会や学校教育に「普段着の難民支援」が根づいていないという証なのかもしれません。

　学習教室に参加する難民の子どもたちも、まぎれもなく日本に住む"普通の"子どもたちです。生まれた土地や国、民族や言葉のちがいにかかわらず、誰もが学ぶ権利を保障され、学ぶ喜びを実感することができるはずです。ドリルの名前を隠す必要もなく、誰もがちがいを当たり前に、オープンに関わることができる、そんな環境をつくっていくために、これからもJ-FUN ユースの活動を続けていきます。

❖ 誰でもできる難民支援を

　「難民支援」と聞くと、むずかしいことをしているように思えますが、私たちの活動のように、誰でも参加できる活動がたくさんあります。

　「実際に難民の人と会ったり、現地に行ったりしていないのに、自分に難民支援ができるのか」と不安に思ったり、なかなかイメージが湧かなかったりする人は、ぜひ J-FUN ユースの活動に参加してください。高校生や大学生といった若者だからこそできる活動を通じて、難民支援の「はじめの一歩」を踏み出してみませんか。

（J-FUN ユース 有志）

30
タイのミャンマー難民キャンプを
訪ねて見えてきたこと

❖難民の帰還路をたどる

編著者の滝澤三郎元 UNHCR 駐日代表は、2011年より大学生とともにタイやインド、そしてミャンマーといったアジアの発展途上国を訪れ、実情を知る研修ツアーを行っています。2017年は東京大学の平和構築を学ぶ学生と東洋英和女学院高等部の生徒ら総勢25名が参加しました。「難民の帰還路をたどる」をテーマにタイ最大のメラ難民キャンプを訪問し、徒歩で国境を越えてミャンマーへ入国後、バスに乗って難民たちが帰っていく地域や首都ネピドーなどを訪れました。

ご存じのように、ミャンマーでは民主化が進み、政府と和平協定を結んだカレン族などの少数民族の難民の中には帰国を始めた人もいます。しかし、難民問題の最良の解決策といわれる本国への帰還にも、国や個人のさまざまな事情から、多くのクリアすべき問題があります。

なぜ難民になったのか。なぜその地に移ったのか。避難の際はどうだったのか。自国とどう向き合ってきたのか。内戦が終わったら自分の住んでいた村や町に帰りたいか。住む家や仕事、学校はあるのか。キャンプで生まれ育ち、本国を知らない子どもたちはどう考えているのか……。

難民支援においては、まずその実態を知る必要があります。難民キャンプで暮らすミャンマー難民の実情はどうなのか。本国への帰還は進んでいるのか。今回の研修は、それらのことを知るために行われました。

❖キャンプの現状と帰還問題

タイ・ミャンマー国境の町メーソート市の北40kmにあるメラ難民キャンプに入るには政府の許可が必要です。20歳以上という年齢や人数に制限があり、今回キャンプに入れたのは10名だけでした。

| chapter 5 | 身近なところから知る・伝える・行動する

　キャンプをはじめて訪れた学生たちは、そこで難民の人権問題を直視することになりました。紛争の現場で命や安全の危険にさらされ、隣国への逃避行でたいへんな思いをしていながら、キャンプでの暮らしも希望の持てない日々。国際 NGO を通して配給される食糧や生活用品の支援は、ミャンマー国内での活動に重点が移る中で減少しています。タイ政府は難民キャンプの閉鎖を望んでおり、キャンプがいつまであるかも不透明な中、とりわけ子どもたちにとって、安心して遊び、学べる場がなくなっているようでした。

　年齢制限などでキャンプに入れなかったメンバーは、メーソート市近くにあるミャンマーからの（不法）移民のための医療施設メータオ・クリニックや移民子弟のための学校、ミャンマーにいまだ残る政治犯を支援する団体などを訪ねました。難民キャンプに入れず不法移民として隠れるように暮らす人びとも、支援が先細る中、自分たちの将来に不安を抱いていました。

　今回わかったのは、ミャンマーの民主化にもかかわらず、メラ難民キャンプからの本国帰還が進んでいないということでした。なぜなのでしょうか。難民キャンプのリーダーに話を聞いた学生たちの報告から拾ってみましょう。

・キャンプ内に、ミャンマー国内に帰りたいという者はあまりいないそうです。キャンプにとどまれば支援物資などで最低限の生活は保障されますが、帰国すれば職を失い、住むところも十分に確保できません。人の移動には、教育や医療、職業などのインフラが同時に必要となります。難民問題のむずかしさを感じました。(中田 渉／東京大学公共政策大学院修士１年)

・帰還問題は帰還する難民個人だけではなく、キャンプコミュニティ全体の問題であり、いち早く帰還することが「抜け駆け」のようにとらえられるきらいがあると知りました。帰還すればより好条件の土地や雇用を得ることもできますが、多くの利害関係を含むため、賄賂や一部の者による情報独占などがあるようです。難民は脆弱な立場にありますが、中でもとくに弱い立

メラ難民キャンプ見学の様子

場の者がいて、彼らには帰還を決断するために必要な十分な情報や機会が提供されないおそれがあります。〔田中栄里花／一橋大学法学部4年〕

　ほかにもさまざまな懸念があります。その1つが、ミャンマーの土地の所有権が明確でないことです。いざ故郷に帰っても、元いた場所にはすでにほかの人が生活している場合が多く、自分の土地を証明するものが何もないというのです。もともと山岳地帯に住んでいた少数民族には、土地の登記制度などがありませんでした。ミャンマー政府が帰還者に用意した土地（シェルター）に住むことは可能で、そこでの移動は自由ですが、周辺には仕事がなく、日雇で近隣の畑でトウモロコシや豆の栽培を手伝うしかないと訴えます。また、周囲に学校などもないことから、子どもの教育などを考えると難民キャンプにとどまるしかないのだ、とキャンプリーダーは嘆いていました。

❖ミャンマー本国政府の姿勢

　帰還をめぐる問題について、ミャンマー本国の州政府や中央政府はどのようにとらえているのでしょうか。難民の多くが帰還するであろうカレン州の副知事らに面会した際、学生たちからは大学院生を中心にさまざまな質問が投げかけられました。「今後の帰還難民に対する支援に何が必要と考えているのか」。この質問に対して副知事は「やるべきことが多すぎますので」と断りつつ、道路・電力・通信などインフラ整備への海外からの投資、医療、教育を支える資金がまず必要だと強調しました。カレン州に帰還した難民は約4万人ですが、彼らに対する特別な支援はないといいます。140万人を超す州民の生活と道路などのインフラ整備が先決だということでしょう。難民の人びとの問題だけを考えがちな私たちですが、ちがう立場の人びとのことも理解し、難民問題を俯瞰的にとらえることの大切さを痛感させられました。

　同じような反応は、首都ネピドーを訪れたとき、国家計画・経済開発省や

| chapter 5 | 身近なところから知る・伝える・行動する

国家計画・経済開発省訪問。副大臣と面談後、エントランスにて

社会福祉省の高官、国会教育向上委員会の議員との意見交換の際にも見られました。スーチー氏率いる国民民主連盟（NLD）新政権にとって、帰還問題はミャンマー国内に山積する課題の氷山の一角にすぎません。ミャンマー国内ではまだ貧困地帯が多く、カチン州などでは少数民族との武力衝突が続き、最近注目を集めるラカイン州のロヒンギャ問題もあります。135の民族がいるミャンマーの民主化、貧困削減と難民帰還を含む平和構築は、いずれも簡単にはいかない障害に直面しているということが感じられました。

❖ 難民をたすけることは自分をたすけること

このような事情が理解できるのも、難民キャンプを訪れたり、陸路で国境を越えてミャンマー国内1500kmをバスで移動したり、政府関係者からの説明を受けたり、ヤンゴン大学の学生と交流したりしたからです。難民問題の最良の解決策といわれる本国帰還も、ミャンマーの国外から見るか国内から見るか、難民や支援者の目線で見るか政府の視線で見るかによってまったくちがう姿を見せます。難民の帰還が、本国における受け入れ環境が整わないかぎりは進まないということは、難民問題と内政問題を複眼的にとらえることの必要さを教えていると思います（第2章10／48〜51ページ参照）。

この7年間で、ミャンマーやタイなどへの研修に参加した学生の数は100名を超えました。参加学生が口をそろえて言うのは、参加したことで視野が広がり、進路や人生を考えるきっかけになったということです。帰国後、難民支援にかぎらずさまざまな活動に積極的に参加している学生がいます。公務員や一般企業に就職しても、このミャンマー研修で得たものは、豊かな思考の土壌になり価値判断を鋭いものにし、将来日本とミャンマーの架け橋となる人材の育成につながるでしょう。その意味で「難民をたすける」ことは「自分（日本の若者）をたすける」ことだ、と心から思います。　（森田信子）

column	
5	全国に広がる「国連 UNHCR 難民映画祭」

「国連 UNHCR 難民映画祭」は、UNHCR 駐日事務所と特定非営利活動法人国連 UNHCR 協会が共催する、世界初の、そして唯一の「難民」に焦点をあてた映画祭です。映画という親しみやすい媒体を通じて、難民という状態に置かれている一人ひとりのストーリーを知ってもらうことを目的に、2006 年より毎年開催しています。UNHCR 本部（ジュネーヴ）でもその実績が認められ、近年では、香港やタイ、韓国の UNHCR 事務所でも同様のプロジェクトが展開されています。

じつは、世界各地で難民問題に焦点をあてた映画は多数制作されています。難民を生み出す人道危機が深刻化する中で、以前にも増して、彼らのストーリーはさまざまな角度から映画化されています。第 1 回（2006 年）から第 11 回（2016 年）までの映画祭で上映した作品は約 200 作品に上り、来場者は 5 万 5000 名を超えました。12 回目を迎えた 2017 年には、さらに規模広げ、札幌、東京、名古屋、大阪、広島、福岡でも開催しました。

試行錯誤で始めた映画祭が今も続いている背景には、多くの企業・団体の協力があります。開催に必要な活動資金は、協賛企業からの長年にわたるサポートがあり、日本語字幕やイベントユニフォームの制作、司会進行、映像のナレーションなどは、各分野でプロとして活躍している人びとの賛同と無償の協力によって支えられています。開始当初は、これだけ多くの協力を得られるとは思っておらず、難民問題を知ってもらおうという試みへの賛同者が多いことは、継続開催の何よりのモチベーションとなっています。

来場者からは、自主的に上映会を開催したいとの要望もあり、過去に上映されたものの中から選んだ作品を、企業や団体、学校などで上映する試みが全国各地で行われています。とりわけ学校からの問い合わせが増えており、2015 年からは「学校パートナーズ」という関連イベントを設け、未来を担う若者たちの自主的な取り組みとタイアップし、より多くの人に難民問題について知ってもらう機会を全国的に広げています。

1 冊の本や一人の人間との出会いが、時に私たち一人ひとりの記憶にずっと残り続けるように、1 本の映画が持つ力に望みを託し、これからも難民となった人びととそれぞれの苦悩と葛藤、そして希望を伝えていきたいと思っています。日本の市民社会に、難民問題への理解と共感が育まれていくよう、映画を通じた広がりに今後も期待しています。　　　　　　　　（山崎玲子）

おすすめの本

◆難民問題の概要がわかる本

『難民問題とは何か』本間 浩［著］、岩波新書、1990年

『難民からまなぶ世界と日本』山村淳平［著］、解放出版社、2015年

『難民問題──イスラム圏の動揺、EUの苦悩、日本の課題』墓田 桂［著］、中公新書、2016年

『難民を知るための基礎知識──政治と人権の葛藤を越えて』滝澤三郎・山田 満［編著］、明石書店、2017年

『難民研究ジャーナル』第1号〜第6号、難民研究フォーラム［編］、現代人文社、2011〜2016年

◆世界の難民問題がわかる本

『難民・強制移動研究のフロンティア』墓田 桂ほか［編］、現代人文社、2014年

『「移民国家ドイツ」の難民庇護政策』昔農英明［著］、慶應義塾大学出版会、2014年

『シリア難民──人類に突きつけられた21世紀最悪の難問』パトリック・キングズレー［著］、藤原朝子［翻訳］、ダイヤモンド社、2016年

『アメリカが生む／受け入れる難民』大津留（北川）智恵子［著］、関西大学出版部、2016年

『難民問題と人権理念の危機──国民国家体制の矛盾』駒井 洋［監修］、人見泰弘［編著］、明石書店、2017年

『自分とは違った人たちとどう向き合うか──難民問題から考える』ジグムント・バウマン［著］、伊藤 茂［訳］、青土社、2017年

『あやつられる難民──政府、国連、NGOのはざまで』米川正子［著］、ちくま新書、2017年

『「ヘイト」の時代のアメリカ史──人種・民族・国籍を考える』兼子 歩・貴堂嘉之［編著］、彩流社、2017年

◆パレスチナ難民についてわかる本

『イスラエルとパレスチナ──和平への接点をさぐる』立山良司［著］、中公新書、1989年

『中東和平の行方──続・イスラエルとパレスチナ』立山良司［著］、中公新書、1995年

『中東共存への道──パレスチナとイスラエル』広河隆一［著］、岩波新書、1994年

『パレスチナ新版』広河隆一［著］、岩波新書、2002年

『世界史の中のパレスチナ問題』臼杵 陽［著］、講談社現代新書、2013年

『パレスチナ問題』高橋和夫［著］、放送大学教育振興会、2016年

『14歳からのパレスチナ問題──これだけは知っておきたいパレスチナ・イスラエルの120年』奈良本英佑［著］、合同出版、2017年

『ぼくの村は壁で囲まれた──パレスチナに生きる子どもたち』高橋真樹［著］、現代書館、2017年

◆難民を支援する人びとが書いた本

『緒方貞子──難民支援の現場から』東野 真［取材・構成］、集英社新書、2003年

『図書館への道──ビルマ難民キャンプでの1095日』渡辺有理子［著］、鈴木出版、2006年

『図書館は、国境をこえる──国際協力NGO30年の軌跡』シャンティ国際ボランティア会［編］、教育史料出版会、2011年

『わたしは10歳、本を知らずに育ったの。──アジアの子どもたちに届けられた27万冊の本』公益社団法人シャンティ国際ボランティア会［編］、鈴木晶子+山本英里+三宅隆史［著］、合同出版、2017年

『ふるさとをさがして──難民のきもち、寄り添うきもち』根本かおる［著］、学研教育出版、2012年

『日本と出会った難民たち──生き抜くチカラ、支えるチカラ』根本かおる［著］、英治出版、2013年

『難民鎖国ニッポンのゆくえ──日本で生きる難民と支える人々の姿を追って』根本かおる［著］、ポプラ新書、2017年

『誰もが難民になりうる時代に──福島とつながる京都発コミュニティラジオの問いかけ』宗田勝也［著］、現代企画室、2013年

◆その他

『地雷リポート』神保哲生［著］、築地書館、1997年

『砂漠の女ディリー』ワリス・ディリー［著］、武者圭子［訳］、草思社、1999年

『サンタになった魔法使い──ドクター・カナイと仲間たち』綱島洋一［文］、阿部夕希子［絵］、矢口以文［訳］、中西出版、2011年

『希望への扉 リロダ』渡辺有理子［著］、小渕もも［絵］、アリス館、2012年

『さようなら、オレンジ』岩城けい［著］、筑摩書房、2013年

おわりに

『世界の難民をたすける30の方法』を読んで、みなさんはどんな印象を受けたでしょうか。この本では、NGO関係者や市民運動などに携わっている人たちに加えて、難民問題についてもっと知りたいという高校生や大学生を読者として念頭に置き、複雑な難民問題をできるだけわかりやすく解説することをめざしました。

この本の完成が近づいているころ、2017年の8月以来ミャンマーのラカイン州からバングラデシュ南東部に逃げて行った約60万人のロヒンギャ難民が暮らす、クトゥパロン難民キャンプを訪れました。

バングラデシュには11のロヒンギャ難民キャンプがあり、全体の55％が子ども、52％が女性で、中でも多いのがシングルマザー、つまり母親と子どもだけの家族です。親が死んだり親からはぐれた子どもたちも2万人ほどおり、子どもを殺されたり見失ってしまった親もたくさんいます。何十キロメートルもの道のりを着の身着のまま歩いたり、小舟に乗って逃げてきたりした難民は、途中で所持品を奪われたり暴行を受けたりして、深いトラウマを抱えています。

ラカイン州での激しい差別、命がけの逃避行の中でのつらい経験を涙ながらに語る難民たちの姿を見ると、こちらももらい泣きしてしまいます。「こんなことが許されていいのか」という憤りとともに、「この人たちをたすけなければ」という気持ちも湧いてきます。そんなとき、難民キャンプの内外で献身的に難民をたすけるために働く国連難民高等弁務官事務所（UNHCR）などの国際機関やNGOのスタッフの姿を見ると、救われた気持ちにもなります。

難民キャンプで気がついたのは、難民はただ援助に依存するだけの人びとではないということです。平和で豊かな日本に暮らす私たちは「大きな幸福の中の小さな不幸」を数えることをしがちですが、難民は、国

を失い家族を失うという「大きな不幸」にあってもそれを耐え忍び、多くの人が同胞の子どもや老人をたすけるという「小さな幸福」のために活動していました。難民をたすける仕事をしている人の多くがその姿を目にし、自分の姿勢をふり返り、「私は難民をたすけると同時に、難民にたすけられた」という思いを持っています。

　ロヒンギャ難民の問題は深刻ですが、世界にはそのほかにもシリア難民など、2000万人以上の難民がいます。そして、彼ら・彼女たちをたすけるために、数千の団体、数万人の人たちが各地で献身的に働いています。この本に出てくる日本の団体や個人は、それらの人びととの国際的な人道支援の連帯の輪に加わっているのです。

　この本を通じて、世界と日本の難民問題が「引越し難民」といったレベルでは見えてこない複雑な原因と構造を持つこと、また、政府だけでなくNGOや企業、学生などさまざまな立場にある人びとが、日本の各地で難民をたすけようと活動していることを知ってもらえたでしょうか。

　「難民」という言葉に距離を感じていた人、「私には関係ない」と思っていた人に、この本を読んで難民問題を「自分ごと」としてとらえ、「こんなこともできるんだ。私もやってみよう」と一歩を踏み出していただければ、編著者としてとてもうれしく思います。

　最後に、合同出版編集部のみなさんにはお世話になりました。この本をよりよいものにするうえでたすけられました。お礼を申し上げます。

2018年4月　滝澤三郎

＊4刷にあたって：UNHCRの発表によれば、2022年6月時点で迫害や紛争によって故郷を追われ、保護を求めている人の数は9580万人に上り、そのうち国外に逃れた「難民」が3250万人、国境を越えず自国内にとどまっている「国内避難民」が5310万人、難民認定を待っている申請者が490万人、その他が530万人となっている。本書が出版された2017年以来、世界の難民情勢は大きく変わり、2022年には、日本でもミャンマー、アフガニスタン、ウクライナからの難民や避難民を約1万3500人受け入れている。このような変化を受け、本書の新版編集・刊行の必要性を痛感している。

編著者紹介

滝澤三郎（たきざわ・さぶろう）
国連 UNHCR 協会理事長。カリフォルニア大学バークレー経営大学院修了（MBA）。UNHCR 駐日代表、東洋英和女学院大学教授を経て、現職。専門は移民・難民問題と日本の難民政策。共編著書に『難民を知るための基礎知識──政治と人権の葛藤を越えて』（明石書店、2017年）、共著に『人間の安全保障と平和構築』（日本評論社、2017年）、『国際社会学入門』（ナカニシヤ出版、2017年）など。

執筆者紹介（執筆順）

二村 伸（にむら・しん）
NHK 解説委員

田中好子（たなか・よしこ）
特定非営利活動法人パレスチナ子どものキャンペーン 事務局長

イブラヒム
2009年来日／大学院修士課程院生

佐原彩子（さはら・あやこ）
大月市立大月短期大学 准教授

橋本直子（はしもと・なおこ）
ロンドン大学法務高等研究院 難民法イニシアチブ リサーチ・アフィリエイト

久保山 亮（くぼやま・りょう）
立教大学 兼任講師

松岡佳奈子（まつおか・かなこ）
難民研究フォーラム 研究員

折原りつ（おりはら・りつ）
通訳案内士（英語）／ツアーコンダクター

ミョウ・ミン・スウェ
Myanmar United Global Eternity Network Co., Ltd. 代表取締役

法務省入国管理局総務課難民認定室

伊藤寛了（いとう・ひろあき）
公益財団法人アジア福祉教育財団 難民事業本部 企画調整課 企画第一係長

泉田恭子（せんだ・きょうこ）
特定非営利活動法人国連 UNHCR 協会 難民高等教育プログラム担当

長徳英晶（ちょうとく・ひであき）
外務省 国際協力局 緊急・人道支援課長

駒井知会（こまい・ちえ）
弁護士

吉山 昌（よしやま・まさる）
公益社団法人難民起業サポートファンド 代表理事

シェルバ英子（シェルバ・えいこ）
株式会社ファーストリテイリング サステナビリティ部

金井昭雄（かない・あきお）
株式会社富士メガネ 代表取締役会長

渡部清花（わたなべ・さやか）
NPO 法人 WELgee 代表理事

折居徳正（おりい・のりまさ）
認定 NPO 法人難民支援協会 難民受入れプログラム・マネージャー

景平義文（かげひら・よしふみ）
AAR Japan［難民を助ける会］シリア難民担当

矢崎理恵（やざき・りえ）
社会福祉法人さぽうと21 学習支援室コーディネーター

吉波佐希子（よしなみ・さきこ）
元国連パレスチナ難民救済事業機関（UNRWA）上席渉外・プロジェクト担当官

松下真央（まつした・まお）
元国連 UNHCR 協会 インターン／学生団体 SOAR 共同代表（2016 年度）

鳥井淳司（とりい・じゅんじ）
特定非営利活動法人国連 UNHCR 協会 国連難民支援プロジェクト チーフコーディネーター

宗田勝也（そうだ・かつや）
「難民ナウ！」代表／同志社大学 客員准教授

菊池礼乃（きくち・あやの）
公益社団法人シャンティ国際ボランティア会 ミャンマー（ビルマ）難民事業事務所 プロジェクトマネージャー

岩瀬香奈子（いわせ・かなこ）
株式会社アルーシャ 代表取締役

J-FUN ユース
2007年発足の「普段着の難民支援」を掲げた学生難民支援団体

森田信子（もりた・のぶこ）
東洋英和女学院大学 学習サポートセンター スタディコンサルタント

山崎玲子（やまざき・れいこ）
特定非営利活動法人国連 UNHCR 協会 ファンドレイジンググループ・マネージャー

世界の難民をたすける 30 の方法

2018 年 5 月 30 日　第 1 刷発行
2023 年 7 月 10 日　第 4 刷発行

編　著　者　滝澤三郎
発　行　者　坂上美樹
発　行　所　合同出版株式会社
　　　　　　東京都小金井市関野町 1-6-10
　　　　　　郵便番号 184-0001
　　　　　　電話 042（401）2930
　　　　　　URL https://www.godo-shuppan.co.jp/
　　　　　　振替 00180-9-65422
印刷・製本　株式会社シナノ

■刊行図書リストを無料進呈いた
します。
■落丁・乱丁の際はお取り換えい
たします。
本書を無断で複写・転訳載するこ
とは、法律で認められている場合
を除き、著作権及び出版社の権
利の侵害になりますので、その場
合にはあらかじめ小社宛てに許諾
を求めてください。
ISBN978-4-7726-1353-8
NDC360　210 × 130
©Saburo TAKIZAWA, 2018